Christian Haveresch

Garantien und Kreditderivate zur Beeinflussung der Eigenkapitalanforderung

für Kreditrisiken von Forderungen an Unternehmen nach Basel III

Diplomica Verlag GmbH

Haveresch, Christian: Garantien und Kreditderivate zur Beeinflussung der
Eigenkapitalanforderung: für Kreditrisiken von Forderungen an Unternehmen nach
Basel III, Hamburg, Diplomica Verlag GmbH 2013

Buch-ISBN: 978-3-8428-9119-7
PDF-eBook-ISBN: 978-3-8428-4119-2
Druck/Herstellung: Diplomica® Verlag GmbH, Hamburg, 2013

Bibliografische Information der Deutschen Nationalbibliothek:
Die Deutsche Nationalbibliothek verzeichnet diese Publikation in der Deutschen
Nationalbibliografie; detaillierte bibliografische Daten sind im Internet über
http://dnb.d-nb.de abrufbar.

Das Werk einschließlich aller seiner Teile ist urheberrechtlich geschützt. Jede Verwertung
außerhalb der Grenzen des Urheberrechtsgesetzes ist ohne Zustimmung des Verlages
unzulässig und strafbar. Dies gilt insbesondere für Vervielfältigungen, Übersetzungen,
Mikroverfilmungen und die Einspeicherung und Bearbeitung in elektronischen Systemen.

Die Wiedergabe von Gebrauchsnamen, Handelsnamen, Warenbezeichnungen usw. in
diesem Werk berechtigt auch ohne besondere Kennzeichnung nicht zu der Annahme,
dass solche Namen im Sinne der Warenzeichen- und Markenschutz-Gesetzgebung als frei
zu betrachten wären und daher von jedermann benutzt werden dürften.

Die Informationen in diesem Werk wurden mit Sorgfalt erarbeitet. Dennoch können
Fehler nicht vollständig ausgeschlossen werden und die Diplomica Verlag GmbH, die
Autoren oder Übersetzer übernehmen keine juristische Verantwortung oder irgendeine
Haftung für evtl. verbliebene fehlerhafte Angaben und deren Folgen.

Alle Rechte vorbehalten

© Diplomica Verlag GmbH
Hermannstal 119k, 22119 Hamburg
http://www.diplomica-verlag.de, Hamburg 2013
Printed in Germany

Kurzfassung

Dieses Buch befasst sich mit der Ermittlung und der Reduzierung der Kreditrisiken von Forderungen an Unternehmen durch den Risikotransfer auf einen Gewährleistungsgeber nach Basel III.

Nach der Vorstellung der Gründe für eine Bankenregulierung, deren rechtlicher Rahmen, sowie die Bedeutung des Kreditrisikos folgt die Bestimmung und die Analyseeingrenzung des weiten Kreditrisikobegriffs.

Hiernach werden die beiden zulässigen Verfahrensansätze, der „Kreditrisiko-Standardansatz" (KSA) und der „auf internen Ratings basierender Ansatz" (IRBA), zur Berechnung der Kreditrisiken – anhand des Verordnungsentwurfs vom 20.07.2011 der Europäischen Kommission zu Basel III – umfangreich beschrieben.

Anschließend werden die Anforderungen und die Kreditrisikominderungseffekte von Garantien und Kreditderivate vorgestellt und ermöglichen so nicht nur eine umfassende Analyse der Auswirkung von Risikoparameter auf die Eigenkapitalanforderungen von unbesicherten Forderungen, sondern auch die eigenkapitalentlastende Wirkung von Gewährleistungen.

Die Untersuchung der Risikoparameter auf die Eigenkapitalanforderung ohne die Berücksichtigung von Garantien und Kreditderivate wird zeigen, dass allein die Wahl des Verfahrensansatzes eine Beeinflussung bewirkt und liefert darüber mittels einer Sensitivitätsanalyse hinaus Erkenntnisse, die für die Untersuchung der eigenkapitalentlastenden Wirkung eines Risikotransfers hilfreich sind.

Desweiteren wird die Analyse ergeben, unter welchen Umständen die Übertragung der Ausfallwahrscheinlichkeit des sicherungsnehmenden Instituts sinnvoll erscheint und welche Forderungsklassen, sowie einzelne Kredite das größte absolute und relative Potential zur Verbesserung der Eigenkapitalanforderung aufweisen.

Das Fazit der Studie wird sein, dass neben der Wahl des Verfahrensansatzes insbesondere die Besicherung von Krediten der Forderungsklasse KSA-„Unternehmen", sowie Forderungen mit niedriger PD des IRBA-Verfahrensansatzes zu einer Verbesserung der Eigenkapitalquote führen können.

Inhaltsverzeichnis

Kurzfassung I

Abkürzungsverzeichnis VI

Begriffsbestimmungen VII

Tabellenverzeichnis IX

Abbildungsverzeichnis X

Formelverzeichnis XII

1 EINLEITUNG 1

    1.1 Anlass der Untersuchung 1

    1.2 Aufbau und Ziel der Untersuchung 3

2 BANKENAUFSICHT – UND REGULIERUNG 5

    2.1 Einführung 5

    2.2 Gründe für Bankenregulierung 5

    2.3 Rechtlicher Rahmen 7

        2.3.1 Basel II 7

            2.3.1.1 Motive und Änderungen 7

            2.3.1.2 Umsetzung 8

        2.3.2 Basel III 9

            2.3.2.1 Motive und Änderungen 9

            2.3.2.2 Umsetzung 11

        2.3.3 Historische Änderungen von Basel auf einem Blick 14

3 ERMITTLUNG DER KREDITRISIKEN NACH BASEL III 15

3.1 Aufbau 15

3.2 Grundlagen und Überblick 16
3.2.1 Bedeutung des Kreditrisikos 16
3.2.2 Begriffsbestimmung und Analyseeingrenzung des Kreditrisikos 17
3.2.2.1 Bankbetriebliche Definition des Kreditrisikos 17
3.2.2.2 Bankaufsichtsrechtliche Definition und Erfassung des Kreditrisikos 20
3.2.2.3 Resümee 26
3.2.3 Eigenkapitalanforderungen für das Kreditrisiko 26
3.2.4 Ermittlung des Kreditrisikos 28
3.2.4.1 Grundstruktur der Bestimmungen zu den Kreditrisiken 28
3.2.4.2 Ansätze zur Kreditrisikobestimmung 29

3.3 Standardansatz (KSA) 31
3.3.1 Rechtliche Grundstruktur der Ermittlung der Kreditrisiken nach KSA 31
3.3.2 Allgemeine Grundsätze 31
3.3.3 Forderungswert (E) 32
3.3.4 KSA-Risikogewicht (RW_{KSA}) 34
3.3.4.1 Forderungsklasse 34
3.3.4.2 Bonitätsbeurteilung 35
3.3.5 Zusammenfassung der Berechnungssystematik 39

3.4 Interner-Ratingansatz (IRBA) 40
3.4.1 Rechtliche Grundstruktur der Ermittlung der Kreditrisiken nach IRBA 41
3.4.2 Allgemeine Grundsätze 42
3.4.3 Forderungswert (EAD) 44
3.4.4 IRBA-Risikogewicht (RW_{IRBA}) 45
3.4.4.1 Forderungsklasse 45
3.4.4.1.1 Risikogewichtsfunktion 46
3.4.4.1.2 VaR-Konzept 46
3.4.4.1.3 Komponenten der Risikogewichtsfunktion 50
3.4.4.1.4 Resümee 54
3.4.4.2 Ausfallwahrscheinlichkeit (PD) 56
3.4.4.3 Verlustquote (LGD) 58

3.4.4.4 Restlaufzeit (M) 60
3.4.5 Zusammenfassung der Berechnungssystematik 61

3.5 Risikominderung durch Garantien und Kreditderivate 62
3.5.1 Rechtliche Grundstruktur der Kreditrisikominderung 62
3.5.2 Begriffsbestimmung 62
    3.5.2.1 Garantie 62
    3.5.2.2 Kreditderivat 64
3.5.3 Mindestanforderungen an Kreditrisikominderungstechniken 66
    3.5.3.1 Anforderungen an Gewährleistungsgeber 66
    3.5.3.2 Anforderungen an Garantien und Kreditderivate 67
3.5.4 Berechnung der Kreditrisikominderungseffekte 70
    3.5.4.1 Überblick 70
    3.5.4.2 Substitutionsansatz 71
    3.5.4.3 Double-Default-Effekt 72

4 ANALYSE 76

4.1 Aufbau 76

4.2 Risikoparameter ohne Besicherung 77
4.2.1 Auswirkung der Ausfallwahrscheinlichkeit (PD) 78
4.2.2 Auswirkung der Verlustquote bei Ausfall (LGD) 84
4.2.3 Auswirkung der Restlaufzeit (M) 87
4.2.4 Auswirkung der Unternehmensgröße (S) 89
4.2.5 Zusammenfassung 91

4.3 Direkte Besicherung durch Garantien und Kreditderivate 92
4.3.1 Begriffsabgrenzung: direkte und indirekte Besicherung 92
4.3.2 Auswirkung des Substitutionsansatzes 92
    4.3.2.1 Begriffsabgrenzung für die Analyse 93
    4.3.2.2 Beeinflussung der Eigenkapitalanforderung im KSA 93
        4.3.2.2.1 Kreditnehmer: Forderungsklasse „Unternehmen" 94
        4.3.2.2.2 Kreditnehmer: Forderungsklasse „Retail" 101

  4.3.2.3 Beeinflussung der Eigenkapitalanforderung im IRBA 104

    4.3.2.3.1 Kreditnehmer: Forderungsklasse „Unternehmen" 104

    4.3.2.3.2 Kreditnehmer: Forderungsklasse „Retail" 107

    4.3.2.3.3 Kreditnehmer: Forderungsklasse „KMU" 108

  4.3.2.4 Gegenüberstellung 109

 4.3.3 Anpassung der LGD 111

 4.3.4 Double-Default-Effekt 112

4.4 Indirekte Besicherung durch Garantien und Kreditderivate 115

5 KONSEQUENZEN 119

5.1 Folgen für das Kreditinstitut (als Sicherungsnehmer) 119

5.2 Folgen für den Versicherer (als Sicherungsgeber) 121

 5.2.1 Sicherungsgeber: Kreditinstitut 122

 5.2.2 Sicherungsgeber: Versicherungsgesellschaft 122

5.3 Folgen für das Unternehmen (als Kreditnehmer) 125

6 FAZIT 126

Anhang 128

Literaturverzeichnis 141

Quellenverzeichnis 143

Abkürzungsverzeichnis

Basis-IRBA	Basisvariante des IRBA
BIP	Bruttoinlandsprodukt
E	exposure (Forderungswert nach KSA; Artikel 106)
EAD	exposure at default
	Forderungshöhe zum Zeitpunkt des Ausfalls
	(Forderungswert nach IRBA; Artikel 162)
EU	Europäische Union
GroMiKV	Verordnung über die Erfassung, Bemessung, Gewichtung und Anzeige von Krediten im Bereich der Großkredit- und Millionenkreditvorschriften des Gesetzes über das Kreditwesen
Fort. IRBA	Fortgeschrittene Variante des IRBA
IFD	Initiative Finanzstandort Deutschland
IRBA	auf internen Ratings basierender Ansatz
KN	Kreditnehmer
KOM	Europäische Kommission
KSA	Kreditrisiko-Standardansatz
KWG	Kreditwesengesetz
LGD	loss given default, Verlustquote
M	Kreditrestlaufzeit
MaRisk	Mindestanforderungen an das Risikomanagement
PD	probability of default, Ausfallwahrscheinlichkeit
PD_{KN}	PD des Kreditnehmers
PD_{SG}	PD des Sicherungsgebers
RW	Risikogewicht
RWA	Risikogewichtete Aktiva
SG	Sicherungsgeber
SolvV	Solvabilitätsverordnung
VO-Entwurf	Verordnungsentwurf der KOM zu Basel III

Begriffsbestimmungen

Für die Zwecke dieses Buches bezeichnet der Ausdruck:

„Kreditinstitut"	ein Unternehmen, dessen Tätigkeit darin besteht, Einlagen oder andere rückzahlbare Gelder des Publikums entgegenzunehmen und Kredite für eigene Rechnung zu gewähren.[1]
„Institut"	ein Kreditinstitut oder eine Wertpapierfirma.[1]
„Ausfallwahrscheinlichkeit" / „probability of default" (PD)	die Wahrscheinlichkeit des Ausfalls einer Gegenpartei im Laufe eines Jahres.[1]
„Verlust"	den wirtschaftlichen Verlust einschließlich wesentlicher Diskontierungseffekte sowie wesentlicher direkter und indirekter Kosten der Betreibung.[1]
„Verlustquote bei Ausfall" / „loss given of default" (LGD)	die Höhe des Verlusts in Prozent der Forderung zum Zeitpunkt des Ausfalls der Gegenpartei.[1]
„erwarteter Verlust"	die Höhe des Verlusts, der bei einem etwaigen Ausfall der Gegenpartei zu erwarten ist, in Prozent der ausstehenden Forderung zum Zeitpunkt des Ausfalls.[1]
„Kreditrisikominderung"	ein Verfahren, das ein Institut einsetzt, um das mit einer oder mehreren Forderungen seines Bestands verbundene Kreditrisiko herabzusetzen.[1]
„Besicherung mit Sicherheitsleistung"	ein Verfahren der Kreditrisikominderung, bei dem sich das mit der Forderung eines Instituts verbundene Kreditrisiko dadurch vermindert, dass das Institut das Recht hat, bei Ausfall der Gegenpartei oder bei bestimmten anderen, mit der Gegenpartei zusammenhängenden Kreditereignissen bestimmte Vermögenswerte oder Beträge zu verwerten, ihren Transfer oder ihre Bereitstellung zu erwirken oder sie einzubehalten oder aber den Forderungsbetrag auf die Differenz zwischen dem Forderungsbetrag und dem Betrag einer Forderung gegen das Institut herabzusetzen bzw. diesen durch diese Differenz zu ersetzen.[1]
„Besicherung ohne Sicherheitsleistung"	ein Verfahren der Kreditrisikominderung, bei dem sich das mit der Forderung eines Instituts verbundene Kreditrisiko durch die Zusage eines Dritten vermindert, bei Ausfall des Kreditnehmers oder bestimmten anderen Kreditereignissen eine Zahlung zu leisten.[1]
„Forderung"	einen Aktivposten.[1] (Außerbilanzielle Posten werden im Abschnitt Bankaufsichtsrechtliche Definition und Erfassung des Kreditrisikos ausgeklammert.)

---

[1] Gemäß dem Artikel 4 des von der Europäischen Kommission am 20.07.2011 veröffentlichten Verordnungsentwurfs „über Aufsichtsanforderungen an Kreditinstitute"

„einjährige Ausfallwahrscheinlichkeit"	den Anteil der während des Zeitraums von einem Jahr bis zum Zeitpunkt T eingetretenen Ausfälle an der Anzahl der ein Jahr vor diesem Datum dieser Klasse bzw. diesem Pool zugeordneten Schuldner.[1]
„Handelsbuch"	sämtliche Positionen in Finanzinstrumenten und Waren, die ein Institut mit Handelsabsicht hält.[1]
„Versicherungsunternehmen"	ein direktes Lebensversicherungs- oder Nichtlebensversicherungsunternehmen, das eine Zulassung gemäß Artikel 14 der Richtlinie 2009/138/EG erhalten hat.
„Eigenmittel" / „anrechenbares regulatorisches Kapital" / „regulatorisches Eigenkapital" / „haftendes Eigenkapital"	die Summe aus bankaufsichtsrechtlichen Kernkapital (Common Equity Tier 1 + Tier 1) und Ergänzungskapital (Tier 2).
„Kreditderivate"	sind Finanzinstrumente, mittels derer die mit z.B. Darlehen verbundenen Kreditrisiken auf sog. Sicherungsgeber übertragen werden.[2] (Der Unterabschnitt 3.5.2.2 beschreibt hierzu den Credit Default Swap)
„Kreditrisiko" / „Adressenausfallrisiko"	die Gefahr, dass eine natürliche oder juristische Person oder eine Personenhandelsgesellschaft, gegenüber der das Institut einen bedingten oder unbedingten Anspruch hat, *nicht* oder *nicht fristgerecht* leistet.[3] (Umfassende Begriffsbestimmung erfolgt im Unterabschnitt 3.2.2.2)
„Marktpreisrisiko"	die Gefahr, dass Änderungen von Preisen negative Auswirkungen auf die Erfolgssituation eines Kreditinstituts haben können.[4]
„operationelle Risiko"	die Gefahr, dass sich Verluste aus der Unangemessenheit oder dem Versagen von internen Verfahren, Systemen und Menschen oder aus dem Eintritt externer Ereignisse ergeben.[5]

---

[2] Vgl. *Bundesaufsichtsamt für das Versicherungswesen*: Rundschreiben 1/2002, S. 2.
[3] Vgl. § 4 Absatz 2 Nummer 1 SolvV.
[4] Vgl. *Bieg/Krämer/Waschbusch*: Bankenaufsicht in Theorie und Praxis, 2009, S. 7
[5] Vgl. *Hartmann-Wendels/Pfingsten/Weber*: Bankbetriebslehre, 2010, S. 7.

Tabellenverzeichnis

Tabelle 1: Anrechnungsbeträge für Risikopositionen von 3 Geschäftsbanken 16
Tabelle 2: Kreditrisiko nach Zeitpunkt der Leistung 19
Tabelle 3: Zusammenfassung des Kreditrisikobegriffs und des Analysebereichs 26
Tabelle 4: Zuordnung von einjähriger Bonitätsbeurteilung zu den aufsichtsrechtlichen Rating-Klassen 36
Tabelle 5: Rating-Klasse (Unternehmen) / Risikogewicht 37
Tabelle 6: Rating-Klasse (Zentralstaaten) / Risikogewicht 37
Tabelle 7: Rating-Klasse (Institut) / Risikogewicht 38
Tabelle 8: Formelübersicht nach Forderungsklasse 55
Tabelle 9: Anrechnung von Garantien und Kreditderivate 71
Tabelle 10: Legende 71
Tabelle 11: PD-Auswirkung: KSA (Auszug) 80
Tabelle 12: PD-Auswirkung: IRBA (Auszug) 82
Tabelle 13: Gegenüberstellung von EK-Anforderung im PD-Intervall [0,03%:2,00%] 84
Tabelle 14: LGD-Auswirkung (Auszug) 85
Tabelle 15: Sensitivitätsvergleich PD/LGD 86
Tabelle 16: Sensitivitätsvergleich PD/LGD (niedriger PD-Bereich) 86
Tabelle 17: M-Auswirkung (Auszug) 88
Tabelle 18: S-Auswirkung 90
Tabelle 19: Zusammenfassung: Einfluss Risikoparameter 91
Tabelle 20: Begriffsabgrenzung für Analyse 93
Tabelle 21: Substitutionsansatz im KSA: „Forderungen an Unternehmen" eines SG mit PD 0,03% 95
Tabelle 22: Substitutionsansatz im KSA: "Forderungen an Unternehmen" 97
Tabelle 23: Substitutionsansatz im KSA: "Retail" 101
Tabelle 24: Substitutionsansatz im IRBA: "Unternehmen" 105
Tabelle 25: Substitutionsansatz im IRBA: "Retail" 107
Tabelle 26: Substitutionsansatz im IRBA: "KMU" 108
Tabelle 27: Zusammenfassung: Substitutionsansatz 109
Tabelle 28: Umfang der Anwendung des DD-Effektes 115
Tabelle 29: Beispielrechnung einer halbierten PD 117
Tabelle 30: Beispielrechnung einer um ein Viertel reduzierter PD 118

Abbildungsverzeichnis

Abbildung 1: Vereinfachte Darstellung der Wirkungsweise von Basel III 1
Abbildung 2: Verbesserung der Eigenkapitalquote durch Risikoabbau 2
Abbildung 3: Aufbau des Buches 3
Abbildung 4: Zielkonflikt zwischen Banken und Bankenaufsicht 6
Abbildung 5: Überführung von Basel II ins deutsche Recht 8
Abbildung 6: Kapital-Übergangsbestimmungen 10
Abbildung 7: Überführung Basel III ins geltende Recht 12
Abbildung 8: Basel-Änderungen auf einem Blick 14
Abbildung 9: Gesamtanrechnungsbetrag für Risiken 16
Abbildung 10: Finanzierungsvertrag 18
Abbildung 11: Terminvertrag 18
Abbildung 12: Ausfall- und Eindeckungsrisiko bei abgesicherten Forderungen 20
Abbildung 13: Kreditrisikopositionen 22
Abbildung 14: Verbot der doppelten Erfassung von Risiken 24
Abbildung 15: Solvabilitätskoeffizient 27
Abbildung 16: Grafischer Überblick: Grundstruktur der wesentlichen Bestimmungen zu den Kreditrisiken 28
Abbildung 17: Komplexität und Risikosensitivität des KSA und der IRBS-Varianten 30
Abbildung 18: Überblick über die Grundstruktur der Kreditrisikoermittlung nach KSA 31
Abbildung 19: KSA-Berechnungsschema 32
Abbildung 20: Zusammensetzung des KSA-Risikogewichts 34
Abbildung 21: Rating-Klasse (PD) / Risikogewicht 39
Abbildung 22: KSA-Berechnungsschema für Forderungsklasse "Unternehmen" und "Retail" .. 40
Abbildung 23: Überblick: Grundstruktur der Kreditrisikoermittlung nach IRB-Ansatz 41
Abbildung 24: IRBA-Berechnungsschema 42
Abbildung 25: Ermittlung der Kreditrisiken: IRBA 43
Abbildung 26: Exemplarische Dichtefunktion 47
Abbildung 27: Exemplarische Verteilungsfunktion 48
Abbildung 28: Komponenten des Risikogewichtes: IRBA 50
Abbildung 29: Forderungsklasse und Methoden zur Bestimmung der Risikogewichte 54
Abbildung 30: Ermittlung des IRBA-Risikogewichts 56
Abbildung 31: Schematische Darstellung der LGD-Ermittlung 59
Abbildung 32: Überblick: IRBA-Risikogewicht 61

Abbildung 33: Überblick: Grundstrukturen der Kreditrisikominderung 62
Abbildung 34: Garantie: Auftraggeber = Begünstigter 63
Abbildung 35: Garantie: Auftraggeber ≠ Begünstigter 63
Abbildung 36: Grundstruktur des Credit Default Swap (CDS) 65
Abbildung 37: Gemeinsame Ausfallwahrscheinlichkeit bei stochastischer Unabhängigkeit 74
Abbildung 38: Zuordnungstabelle 78
Abbildung 39: PD-Auswirkung: KSA 79
Abbildung 40: PD-Auswirkung: KSA (Detail) 79
Abbildung 41: PD-Auswirkung: IRBA 81
Abbildung 42: PD-Auswirkung: Gegenüberstellung von KSA und IRBA 83
Abbildung 43: LGD-Auswirkung 85
Abbildung 44: M-Auswirkung 87
Abbildung 45: S-Auswirkung nach IRBA 89
Abbildung 46: Substitutionsansatz im KSA: "Forderungen an Unternehmen" eines
SG mit PD 0,03% 96
Abbildung 47: Substitutionsansatz im KSA: "Forderungen an Unternehmen" 98
Abbildung 48: Substitutionsansatz im KSA: "Retail" 102
Abbildung 49: Substitutionsansatz im IRBA: „Forderungen an Unternehmen" eines
SG mit PD 0,03% 104
Abbildung 50: Spannungsfeld: absolutes zu relatives Optimierungspotential 106
Abbildung 51: Substitutionsansatz im IRBA: Forderungen an Unternehmen 107
Abbildung 52: DD-Effekt eines SG mit PD von 0,10%: Forderungsklasse "Unternehmen" 112
Abbildung 53: DD-Effekt: SG mit PD von 0,50% der Forderungsklasse
"Unternehmen" 113
Abbildung 54: Prinzip des Risikotransfers 121
Abbildung 55: Regulierungsdivergenz 124

Formelverzeichnis

Formel 1: Eigenkapitalanforderung 27
Formel 2: Eigenkapitalanforderungen: KSA 31
Formel 3: Ermittlung der Kreditrisiken nach KSA 32
Formel 4: Forderungswert: KSA 32
Formel 5: Eigenkapitalanforderungen: IRB-Ansatz 42
Formel 6: Forderungswert: IRBA 44
Formel 7: IRBA-Risikogewichtsfunktion: „Forderung an Unternehmen" 46
Formel 8: Erwarteter Verlust (EL) 48
Formel 9: VaR: bedingte Ausfallwahrscheinlichkeit 50
Formel 10: Ökonomischer Faktor (R) 51
Formel 11: Korrelationsabschlag (S_{KMU}) 51
Formel 12: ökonomisches Kapital (VaR – EL) pro EAD 52
Formel 13: Laufzeitanpassungsfaktor (b) 52
Formel 14: Restlaufzeitkorrekturfaktor (RKF) 52
Formel 15: IRBA-Risikogewichtsfunktion: „Retailforderungen" 53
Formel 16: LGD 58
Formel 17: Restlaufzeitkorrekturfaktor (RKF): Basis-IRBA 60
Formel 18: Restlaufzeit (M) 61
Formel 19: Substitutionsansatz im KSA 71
Formel 20: Unerwarteter Verlust pro EAD 72
Formel 21: Schnittstellen Wahrscheinlichkeit 73
Formel 22: Erwarteter Verlust bei Unabhängigkeit 74
Formel 23: vorläufiger risikogewichteter Forderungsbetrag nach Double-Default 74
Formel 24: Abschlagsfaktor: Double-Defaullt 75

1 Einleitung

Im Rahmen der Einleitung werden der Anlass, der Aufbau und das Ziel der Untersuchung beschrieben.

1.1 Anlass der Untersuchung

Das Ausmaß der Finanzkrise hat offenbart, dass die derzeitigen Regulierungen von Finanzinstituten mit untragbaren Risiken verbunden sind. Der Internationale Währungsfonds schätzt die krisenbedingten Verluste europäischer Kreditinstitute zwischen 2007 und 2010 auf nahezu 1 Billion EUR bzw. 8% des BIP der EU. Zur Wiederherstellung der Stabilität im Bankensektor hat die Europäische Kommission bis Oktober 2010 staatliche Beihilfen für Finanzinstitute in Höhe von 4,6 Billionen EUR genehmigt, wovon 2008 und 2009 über 2 Billionen EUR tatsächlich in Anspruch genommen wurden und wofür schlussendlich der Steuerzahler aufkommen musste.[1]

Zur Vermeidung solcher Krisen hat die Europäische Kommission bereits eine Reihe von Änderungen am Bankenrecht vorgeschlagen. Der aktuellste auf Basel III basierende Vorschlag für eine „Verordnung über Aufsichtsanforderungen an Kreditinstituten" sieht insbesondere eine Verschärfung qualitativer und quantitativer Eigenkapitalanforderungen vor[6] (siehe *Abbildung 1*), so dass die Banken ein größeres Polster im Falle von künftigen Krisen aufweisen und so besser Verluste absorbieren können.[7]

Abbildung 1: Vereinfachte Darstellung der Wirkungsweise von Basel III[8]

Jedoch prognostizierte die Deutsche Bundesbank in ihrem Finanzstabilitätsbericht vom November 2011, dass durch die strengeren Eigenkapitalvorschriften die europäischen Kreditinstitute vorläufig Kapital in Höhe von 106 Mrd. EUR benötigen würden, wovon allein 5,2 Mrd. EUR

---

[6] Vgl. *Europäische Kommission:* VO-Entwurf zu Basel III, 2011, S. 1.
[7] Vgl. *Berg/Uzik*: Auswirkungsstudie Basel III, 2011, S. 5.
[8] Vgl. *KPMG:* Basel III – Handlungsdruck baut sich auf –, 2011, S. 15.

auf deutsche Banken entfielen.[9] Nur einem Monat später veröffentlichte die Europäische Bankenaufsichtsbehörde (EBA) eine Umfrage von 13 teilnehmenden, deutschen Kreditinstituten, aus der hervorgeht, dass sechs Institute sogar von einem Rekapitalisierungsbedarf von insgesamt 13,1 Mrd. EUR ausgingen.[10]

Kapitalemissionen der Institute sind wegen zurückgehender Profitabilität für die Investoren unattraktiv.[11]

Aus diesem Grund versuchen die Banken die Eigenkapitalanforderungen verstärkt durch den Abbau von Risikoaktiva zu erreichen.[12] Für dieses Ziel eignet sich der Einsatz von Risikominderungsinstrumenten, wie Garantien oder Kreditderivate.

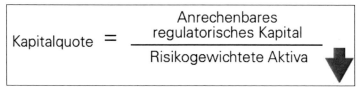

Abbildung 2: Verbesserung der Eigenkapitalquote durch Risikoabbau

Zwar würde der Verkauf von Forderungen (Bsp. durch Factoring) bzw. die Einstellung der Kreditvergabe ebenfalls die Risikoaktiva reduzieren, aber dann gäben die Kreditinstitute nicht nur ihr Kerngeschäft auf, sondern würden auch einen Vertrauensverlust erleiden.

Aufgrund des gewichtigen Forderungsvolumens[13] und der hohen Bedeutung für die Realwirtschaft beschäftigt sich dieses Buch mit der Reduzierung von Risiken für die Forderungen an Unternehmen.

---

[9] Vgl. *Deutsche Bundesbank:* Finanzstabilitätsbericht, 2011, S. 15.
[10] Vgl. *Deutsche Bundesbank*: Rekapitalisierungsumfrage, 2011, S. 1.
[11] Vgl. *KPMG*: Basel III – Handlungsdruck baut sich auf –, 2011, S. 14.
[12] Vgl. *Commerzbank*: Geschäftsbericht 2011, S. 77.
[13] Vgl. *Deutsche Bundesbank*: 5. Auswirkungsstudie, S. 33, 34.

1.2 Aufbau und Ziel der Untersuchung

Der Aufbau dieses Buches ist schematisch in der folgenden Grafik dargestellt, die in den Hauptteilen *Ermittlung der Kreditrisiken nach Basel III* und *Analyse* gegliedert ist.

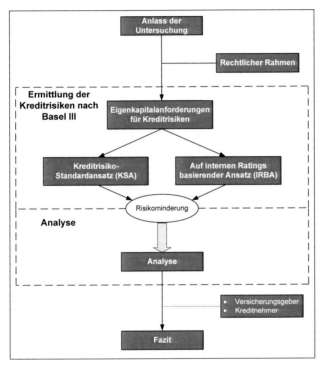

Abbildung 3: Aufbau des Buches

Im Anschluss an diese Einleitung werden zunächst die Gründe und der rechtliche Rahmen für die Bankenaufsicht und -regulierung erläutert, um so einen Überblick zu geben, wie sich der im Juli 2011 veröffentlichte Verordnungsentwurf (VO-Entwurf) entwickelte.

Das dritte Kapitel *Ermittlung der Kreditrisiken nach Basel III* grenzt zu Beginn den Kreditrisikobegriff und Analysebereich ein und beschreibt allgemein die Eigenkapitalanforderungen für Kreditrisiken, die sich aus dem VO-Entwurf ergeben.

Hiernach werden die beiden Verfahren (Kreditrisiko-Standardansatz und auf internen Ratings basierender Ansatz) zur Ermittlung der Kreditrisiken – zunächst ohne Berücksichtigung von Sicherheitsleistungen – vorgestellt.

Sobald die Anforderungen von Garantien und Kreditderivate zur Reduzierung des Kreditrisikos dargestellt werden, sowie die Arten und die Funktionsweise dieser Sicherungsinstrumente, wird die Berechnung der Risikominderung beschrieben, die entweder durch den Substitutionsansatz oder durch den Double-Default-Effekt erfolgt.

Das vierte Kapital *Analyse* beschäftigt sich mit der Untersuchung der in Kapitel 3 erläuterten Ermittlungsverfahren.

Zunächst wird die Sensitivität der vorgestellten Einflussgrößen auf die Kreditrisiken ohne Absicherungsinstrumente untersucht.

Hieran folgt die Darstellung und die Untersuchung der Wirkung von besicherten Forderungen auf die Eigenkapitalanforderungen, mit der Zielsetzung die Umstände aufzuzeigen, bei denen der Risikotransfer zu einer Reduzierung der Eigenkapitalanforderung beim Kreditinstitut führt.

Aus den Ergebnissen der Sensitivitätsanalyse können nun nicht nur absolute Verbesserungspotentiale von Forderungsklassen oder einzelnen Krediten aufgezeigt werden, sondern es können auch die Forderungen heraus gestellt werden, bei denen die Bank durch Garantien und Kreditderivate eine hohe relative Beeinflussung der Eigenkapitalanforderung erzielen kann.

Die Reduzierung der Kreditrisiken durch Garantien und Kreditderivate hat allerdings nicht nur eine eigenkapitalentlastende Wirkung für das Kreditinstitut, sondern ist auch mit Folgen für die anderen beiden Geschäftsparteien (Versicherungsgeber, Kreditnehmer) verbunden, deren Konsequenzen abschließend skizziert werden.

Das sich aus der Analyse ergebende Fazit im Kapitel 5 schließt die Untersuchung ab.

2 Bankenaufsicht – und Regulierung

2.1 Einführung

„Eine funktionierende Volkswirtschaft braucht ein stabiles Bankensystem."[14] Deshalb hat die Bankenaufsicht die Aufgabe, die Geschäftstätigkeit von Kreditinstituten nach Konformität der Bankenregulierung zu überwachen, um so das Vertrauen in die Stabilität des Bankensektors aufrechtzuerhalten.[15]

Besondere Relevanz kommt dabei der Solvabilität[16] von Banken zu,[17] welche ihre Risikoaktiva durch haftendes Eigenkapital unterlegen müssen. So fordert das Kreditwesengesetz (KWG) in § 10 Abs. 1 S. 1, dass die Kreditinstitute „im Interesse der Erfüllung ihrer Verpflichtungen gegenüber ihren Gläubigern, insbesondere im Interesse der Sicherheit der ihnen anvertrauten Vermögenswerte, angemessene Eigenmittel haben". Die Angemessenheit der Eigenmittel ergibt sich aus dem Verhältnis zwischen dem regulatorischen Eigenkapital und des in Form der risikogewichteten Aktiva (RWA) gemessenen Risikos.[18]

Im Gegensatz zum bilanziellen Eigenkapital geht es „bei den bankaufsichtlichen Eigenmitteln letztlich darum, eine im Insolvenzfall zur Verfügung stehende Haftungsmasse"[19] vorzuweisen bzw. vor der insolvenzrechtlichen Überschuldung zu schützen, also Risikovorsorge zu betreiben.

2.2 Gründe für Bankenregulierung

Die Kreditwirtschaft gehört zu den am stärksten kontrollierten Branchen. Gründe für eine solche besondere staatliche Wirtschaftsaufsicht über Kreditinstitute sind übergeordnete Allgemeininteressen, wie der Gläubigerschutz und der Schutz der „Wirtschaft" (synonym hierfür Funktionenschutz).[20]

---

[14] Vgl. *Deutsche Bundesbank*: Bankenaufsicht.
[15] Vgl. *ebenda*.
[16] Def. „Solvabilität": Ausstattung mit Eigenmitteln
[17] Vgl. *Deutsche Bundesbank*: Bankenaufsicht.
[18] Vgl. *Achtelik/Frommelt-Drexler/Flach*: Sicherheiten-Management, 2011, S. 40.
[19] Vgl. *Boos/Fischer/Schulte-Mattler*: KWG-Kommentar, 2012, S. 283, Tz. 12.
[20] Vgl. *Bieg/Krämer/Waschbusch*: Bankenaufsicht in Theorie und Praxis, 2009, S. 55.

Eine der wichtigsten Aufgaben von Kreditinstituten ist der professionelle Umgang mit Kredit-, Markt-, Liquiditäts- und anderen Risiken.[21] „Diese Risiken dürfen nicht zur Solvenzgefährdung der Institute und zu Instabilitäten im Finanzsektor führen."[22]
Daher sind über die eigene Risikovorsorge der Institute hinaus besondere Aufsichtsregeln für Kreditinstitute geschaffen worden, unter denen die oben genannte Eigenkapitalregel eine herausragende Rolle einnimmt.[23]

Zwar sind Unternehmen selbst an dem Fortbestand ihrer Geschäftstätigkeit interessiert und müssten aus Eigennutz heraus sich auf Risiken krisenfest vorbereiten; dennoch ist eine Bankenaufsicht notwendig. Die Begründung hierfür liegt an dem Unternehmensziel Marktwertsteigerung, welches bei den meisten Unternehmen, insbesondere bei kapitalmarktorientierten, die höchste Priorität einnimmt und durch eine niedrige Eigenkapitalquote erreicht werden kann (siehe *Abbildung 4*).

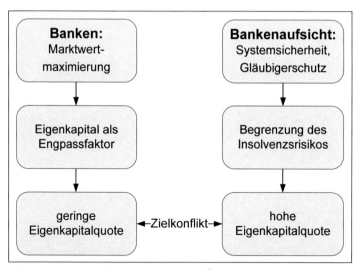

Abbildung 4: Zielkonflikt zwischen Banken und Bankenaufsicht[24]

Das Ziel der Marktwertmaximierung wirkt dem oben genannten Allgemeininteresse (Gläubigerschutz und Systemsicherheit) entgegen und bedarf daher einer staatlichen Regulierung, um Mindeststandards zu erreichen.

---

[21] Vgl. *Deutsche Bundesbank*: Bankenaufsicht.
[22] Vgl. *ebenda*.
[23] Vgl. *ebenda*.
[24] In Anlehnung an *Johanning*: Zur Eignung des VaR als bankaufsichtliches Risikomaß, 1998, S. 284.

2.3 Rechtlicher Rahmen

Nachfolgend wird die Entwicklung der aktuell noch gültigen und der ab 2013 geltenden internationalen Rahmenvereinbarung für Bankenaufsicht (Basel II und Basel III) beschrieben, sowie deren Umsetzung ins geltende Recht. Abschließend erfolgt eine schematisierte Zusammenfassung der Änderungen von Basel I bis Basel III.

2.3.1 Basel II

2.3.1.1 Motive und Änderungen

Die bis Ende 2006 gültigen Eigenkapitalvereinbarungen von 1988 (Basel I) legten bei der Berechnung der Kapitalanforderungen für Kreditrisiken eine wenig differenzierte Berechnungsmethode zu Grunde.[25] Unabhängig vom eingegangenen Kreditrisiko mussten Banken pauschal 8% des Forderungswerts an Eigenkapital unterlegen.

Infolgedessen war das Hauptziel der Änderungen von Basel I zu Basel II die gesetzlich verankerten regulatorischen Eigenkapitalanforderungen verstärkt am tatsächlichen Risiko auszurichten und damit den von Kreditinstituten intern ermittelten Eigenkapitalbedarf anzunähern.

Somit betreffen die Neuerungen vor allem Fortschritte bei der Risikomessung, d.h. bei der Berechnung des Nenners der Eigenkapitalquote (siehe *Abbildung 2* auf Seite 2).[26]

Für die Bemessung des Kreditrisikos werden zwei grundlegende Möglichkeiten vorgeschlagen: eine Standardmethode und ein auf internen Ratings basierender Ansatz,[27] welche in den *Abschnitten 3.3* und *3.4* beschrieben werden.

Diese risikosensitiven Mindestkapitalanforderungen – also Eigenkapitalanforderungen ausgerichtet am tatsächlichen Kreditrisiko – zeigen sich auch an den neuen Regelungen zur bankaufsichtlichen Berücksichtigung von Kreditrisikominderungstechniken, die vor Einführung von Basel II nur sehr eingeschränkt den tatsächlichen Umfang der Risikoreduzierung wiederspiegelten.

Ein wichtiger Aspekt bei der Überarbeitung der Eigenkapitalregelungen war es deshalb, den Umfang der aufsichtlichen Anrechnung verstärkt an der ökonomischen Risikominderung auszurichten. Demgemäß sollten die in der Bankpraxis genutzten Kreditrisikominderungstechniken auch stärker bei der Berechnung der aufsichtlichen Kapitalanforderungen berücksichtigt

---

[25] Vgl. *Deutsche Bundesbank*: Bankenaufsicht.
[26] Vgl. *ebenda*.
[27] Vgl. *ebenda*.

werden, deren Berechnung im *Unterabschnitt 3.5.4* vorgestellt wird. Dadurch sollte Kreditinstituten der Anreiz gegeben werden, weitere Maßnahmen zur Kreditrisikobegrenzung zu ergreifen,[28] wie z.B. durch den Einsatz von Garantien und Kreditderivaten.

„Seit Inkrafttreten von Basel II können Sicherheiten deshalb in weitaus stärkerem Maße bei der Bestimmung der Eigenkapitalanforderungen einbezogen werden."[29]

2.3.1.2 Umsetzung

Am 1. Januar 2007 sind in Deutschland die neuen Eigenkapitalanforderungen für Kreditinstitute in Kraft getreten, auf deren Entwicklung die Arbeit des Baseler Ausschusses für Bankenaufsicht maßgeblichen Einfluss hatte (sog. „Basel II) und die über die europäische Richtliniengebung in das deutsche Bankenaufsichtsrecht Eingang fanden (siehe *Abbildung 5* auf Seite 8).

Die Umsetzung von Basel II wurde auf europäischer Ebene durch die Neufassungen der Bankenrichtlinie (2006/48/EG) und der Kapitaladäquanzrichtlinie (2006/49/EG) bewirkt.[30] Diese EG-Richtlinien führten wiederum zu Änderungen im nationalen Kreditwesensgesetz (KWG),[31] sowie in den entsprechenden Verordnungen.

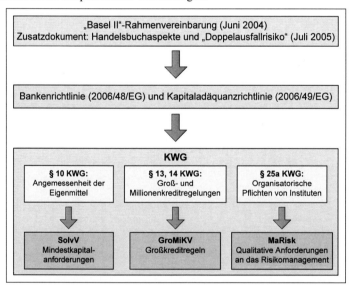

Abbildung 5: Überführung von Basel II ins deutsche Recht[32]

---

[28] Vgl. *Achtelik/Frommelt-Drexler/ Flach*: Sicherheiten-Management, 2011, S. 3.
[29] Vgl. *ebenda*.
[30] Vgl. *Boos/Fischer/Schulte-Mattler*: KWG-Kommentar, 2012, S. 10, Tz. 33.
[31] Vgl. *ebenda*, Tz. 34.
[32] In Anlehnung an *Achtelik/Frommelt-Drexler/Flach*: Sicherheiten-Management, 2011, S. 6.

Die Mindestkapitalanforderungen werden in dem Erlass einer Solvabilitätsverordnung konkretisiert, mit denen sich dieses Buch bezogen auf das Kreditrisiko auseinandersetzt.[33]

Zur Vollständigkeit sei erwähnt, dass darüber hinaus die Anforderungen aus Basel II, wie z.b. die erweiterte Offenlegungspflichten und die Qualität des Risikomanagementsystems, in den Verordnungen GroMiKV und MaRisk umgesetzt werden.

Diese Verordnungen werden kontinuierlich den entsprechenden EG-Richtlinien angepasst, insbesondere als Reaktion auf die Erfahrungen der jüngsten Finanzkrise.

Die derzeit noch gültigen Regelungen werden durch Basel III nicht nur angepasst, sondern grundlegend verändert.[34]

2.3.2 Basel III

2.3.2.1 Motive und Änderungen

Aufgrund der Finanzkrise mit dem in *Abschnitt 1.1* beschriebenen Ausmaß wurden umfangreiche Bemühungen auf internationaler Ebene unternommen, um wirksame Strategien zur Beseitigung der zugrunde liegenden Regulierungsdefizite auszuarbeiten.[35]

In der Erklärung der G20[36] vom 2. April 2009 wurde die Verpflichtung untermauert, der Krise mit international stimmigen Anstrengungen entgegenzutreten, vor allem durch eine Verbesserung der Quantität und Qualität des Eigenkapitals.[37]

Der Baseler Ausschuss hat hierzu eine Vielzahl von Maßnahmen mit teilweise fundamentalen Reformen des aufsichtlichen Rahmenwerks (Basel III) vorgeschlagen.

Eines der zentralen Anliegen bei der Erarbeitung von Basel III war die Vermeidung gegenläufiger Effekte, die höhere Kapitalanforderungen mit sich bringen können: Einerseits geht es um die Verbesserung der Risikotragfähigkeit, also die Fähigkeit Verluste zu absorbieren. Andererseits besteht die Gefahr, dass die Kapitalanforderungen durch „Verringerung des Nenners", z.B. durch den Abbau der Bilanzaktiva, erreicht werden und so eine Schwächung des

---

[33] Vgl. *Boos/Fischer/Schulte-Mattler:* KWG-Kommentar, 2012, S. 1670, Tz. 32
[34] Vgl. VO-Entwurf: „in Erwägung nachstehende Gründe" (3), S. 19.
[35] Vgl. *Europäische Kommission:* VO-Entwurf zu Basel III, S. 3.
[36] Die Gruppe der Zwanzig (G20) ist seit 2009 das zentrale Forum für die internationale wirtschaftliche Zusammenarbeit. Die bedeutendsten Industrie- und Schwellenländer stimmen sich dort über die notwendigen wirtschafts- und finanzpolitischen Maßnahmen ab. [Quelle: Vgl. *Bundesregierung*]
[37] Vgl. *Europäische Kommission:* VO-Entwurf zu Basel III, 2011, S. 3.

Kreditangebots droht, was wiederum die nach der Krise realwirtschaftliche Erholung erschwert.[38]

Um dieses Spannungsfeld zu lösen sieht das Basel-III-Rahmenwerk Übergangsfristen vor, die eine schrittweise Einführung der Neuregelungen bis spätestens 1. Januar 2019 vorsehen.

Die *Abbildung 6* auf Seite 10 veranschaulicht die sukzessive Erhöhung der unterschiedlichen Eigenkapitalquoten im Zeitablauf. Die verschiedenen Kapitalquoten, wie z.B. Common Equity Tier 1 (CT 1) oder Tier (T 1), resultieren aus den jeweiligen Definitionen bzw. Qualitäten des Eigenkapitals und werden im Rahmen dieser Arbeit vernachlässigt. Alles in allem ist jedoch zu sagen, dass die Gesamtkapitalquote von 8% bis auf 10,5% in 2019 angehoben wird (ohne Berücksichtigung eines möglichen antizyklischen Kapitalpuffers oder eines zusätzlichen Kapitalpuffers für systemrelevante Großbanken) und dass sich Gesamtkapitalquote im Zeitablauf verstärkt aus „hartem"[39] Kerneigenkapital zusammen setzen sollen.[40]

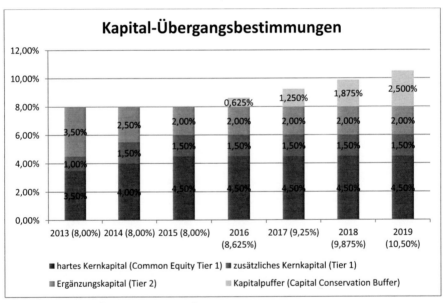

Abbildung 6: Kapital-Übergangsbestimmungen[41]

---

[38] Vgl. *Deutsche Bundesbank* : Leitfaden Basel 3, S. 3.
[39] „hartes" Eigenkapital, wie z.B. CT 1: strengere aufsichtsrechtliche Voraussetzungen für die Anrechnung zum Eigenkapital als bei dem sog. „weichen" Eigenkapital, wie z.B. Tier 2.
[40] Vgl. *Bundesfinanzministerium*: Basel 3.
[41] Eigene Darstellung in Anlehnung an *Pangl*: Basel III, 2012.

Eine so gestreckte Einführung soll es den Banken erleichtern in Folge der strengeren Vorgaben zusätzliches Eigenkapital zu bilden und gleichzeitig soll der Gefahr vorgebeugt werden, die wirtschaftliche Erholung durch eine Einschränkung der Kreditvergabe zu erschweren.[42]

Darüber hinaus sollen weiterhin Sicherheiten, wie Garantien und Kreditderivate, bei der Bestimmung der Eigenkapitalanforderungen einbezogen werden, um so einer drohenden Kreditklemme entgegenzutreten, ohne die geforderte Verschärfung der Kapitalanforderung abzumildern.

Die Anrechnung von Sicherheiten zur „Verringerung des Nenners" zur Reduzierung der geforderten Eigenkapitalquote ist somit insbesondere für die Realwirtschaft eine vorteilhafte Alternative zum Abbau von Bilanzaktiva.

2.3.2.2 Umsetzung

In Reaktion auf den Auftrag der G20 veröffentlichte der Baseler Ausschuss für Bankenaufsicht (BCBS) ausführliche Angaben zu den neuen globalen Regulierungsstandards für eine angemessene Eigenkapitalausstattung von Kreditinstituten, die als Basel III bekannt sind.[43]

Auch wenn diese Empfehlungen des BCBS keinen rechtsetzenden Charakter haben, so sind sie doch die Basis für die Erarbeitung eines Gesetzgebungsvorschlags.[44]

---

[42] Vgl. *Deutsche Bundesbank*: Leitfaden Basel 3, S. 5.
[43] Vgl. *Europäische Kommission:* VO-Entwurf zu Basel III, 2011, S. 3.
[44] Vgl. *Achtelik/Frommelt-Drexler/Flach*: Sicherheiten-Management, 2011, S. 5.

Folglich hat die Europäische Kommission am 20.07.2011 ihren allgemein als „Capital Requirements Directive IV" (CRD IV) bezeichneten Gesetzgebungsvorschlag zur Umsetzung von Basel III vorgelegt, dessen weitere Überführung ins geltende Recht nachfolgend anhand der *Abbildung 7* erklärt wird.

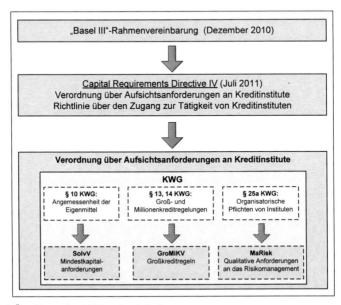

Abbildung 7: Überführung Basel III ins geltende Recht

Der Vorschlag ersetzt die gegenwärtigen Eigenkapitalrichtlinien (2006/48/EG und 2006/49/EG) durch eine Richtlinie und eine Verordnung zum 01.01.2013. Diese Verordnung entspricht am besten der Verpflichtung der G20-Erklärung eine international einheitlichen Lösung zu finden. Schließlich greift die EU-Verordnung unmittelbar in den Mitgliedsstaaten und bedarf nicht erst einer nationalen Umsetzung, bei der es zu Regulierungsdivergenzen kommen könnte.

Die Richtlinie regelt die Zulassung zum Einlagengeschäft, während die Verordnung die für die Kreditinstitute geltenden Aufsichtsanforderungen festlegt und unmittelbar geltendes Recht ist.[45] Die Verordnung gilt dabei als Kernstück der Umsetzung des Basel III-Regelwerks und kann in weiten Teilen als Äquivalent zu den Empfehlungen des BCBS betrachtet werden.[46]

---

[45] Vgl. *Europäische Kommission* : CRD IV.
[46] Vgl. *Achtelik; Frommelt-Drexler; Flach*: Sicherheiten-Management, 2011, S. 5.

Trotz der Übereinstimmung der wesentlichen Grundsätze von Basel III mit dem Verordnungsentwurfs (VO-Entwurf) der KOM verweist dieses Buch lediglich auf die Artikel des VO-Entwurfs und nicht auf Empfehlungen des BCBS. Schließlich ist dieser Entwurf der rechtlichen Umsetzung näher und behandelt gleichzeitig bestimmte europäische Besonderheiten und Themen.[47]

Da der VO-Entwurf nicht nur die neuen Basel III-Vorschriften beinhaltet, sondern auch Vorschriften früherer Regelwerke des Baseler-Ausschusses (insbesondere Basel II), zwingt die Verordnung die nationalen Gesetzgeber, diese Vorschriften aus dem nationalen Recht herauszulösen. Dabei werden nationale Vorgaben, die künftig in der EU-Verordnung enthalten sind bzw. dieser entgegenstehen, gestrichen. Beispielsweise werden die Anforderungen an das bankaufsichtlich anerkannte Eigenkapital in weiten Teilen durch die EU-Verordnung geregelt, weshalb die entsprechenden nationalen Vorschriften im Kreditwesengesetz auf Vorgaben reduziert werden, die die EU-Vorgaben ergänzen.

Durch die direkte Anwendbarkeit der Verordnung werden auch die Rechtsverordnungen, für die sich im Kreditwesengesetz eine Verordnungsermächtigung findet angepasst. Zum Beispiel sind die Vorgaben in der SolvV zur Mindesteigenkapitalanforderungen weitestgehend zu streichen, da sich diese künftig in der EU-Verordnung befinden.[48]

Dennoch sind Verweise im Rahmen dieses Buches auf die aktuelle Fassung der SolvV für die Ermittlung der Kreditrisiken nach Basel III zweckdienlich, insbesondere wenn es um die Definition von Kreditrisiken aus bankaufsichtsrechtlicher Perspektive geht. Der VO-Entwurf definiert nur vereinzelt die unterschiedlichen Kreditrisikobegriffe und stützt sich daher auf die Definitionen aus der SolvV. Aber auch wenn es um die Auslegung der Vorschriften des VO-Entwurfs geht, können die Kommentierungen zur SolvV hierzu Auskunft geben. Denn die derzeitige SolvV unterscheidet sich nicht nennenswert von den künftigen Basel III-Bestimmungen hinsichtlich der Berechnung für Kreditrisiken.

---

[47] Vgl. *Europäische Kommission:* VO-Entwurf zu Basel III, 2011, S. 4.
[48] Vgl. *Schmitt:* Umsetzung von Basel III ins europäische Recht, 19.09.2011, S. 1.

2.3.3 Historische Änderungen von Basel auf einem Blick

Anhand der unteren Abbildung lässt sich – stark vereinfacht – zeigen, worauf die Baseler Regulierungen abzielten.

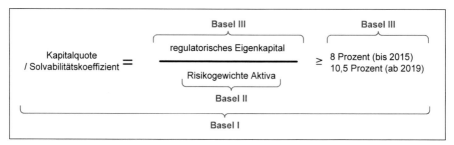

Abbildung 8: Basel-Änderungen auf einem Blick

- Basel I führte die Formel zur Bestimmung einer Eigenkapitalquote ein und forderte damit erstmals eine pauschale Eigenkapitalunterlegung des ausstehenden Kreditbetrages von 8 Prozent (Solvabilitätskoeffizient).[49]
- Basel II regulierte die Risikobemessung der Aktiva neu (also eine Korrektur des Nenners), in dem das Risikogewicht sich nun verstärkt am tatsächlichen Kreditrisiko orientiert (Risikosensitivität).
- Basel III lässt diese Risikogewichtung in weiten Teilen, insbesondere bei dem Kreditrisiko, unverändert. Stattdessen werden der Solvabilitätskoeffizient (auf 10,5 Prozent ab 2019) und damit die Menge des notwendigen Eigenkapitals, sowie die Qualität des Eigenkapitals erhöht.

---

[49] Vgl. *Munsch/Weiß*: Externes Rating, 2002, S. 41.

3 Ermittlung der Kreditrisiken nach Basel III

3.1 Aufbau

Das nachstehende Kapitel teilt sich in den drei Abschnitten „Grundlagen und Überblick", „Standardansatz" sowie „Interner-Ratingansatz" auf.

Der Abschnitt „Grundlagen und Überblick" klärt zu Beginn,
- warum die Beeinflussung des Kreditrisikos wesentlich zur Verbesserung der Eigenkapitalquote beitragen kann,
- was das Kreditrisiko allgemein und aus bankaufsichtsrechtlicher Perspektive ist,
- und grenzt zudem den Analysebereich der für diese Studie untersuchten Risikoarten ein.

Hiernach werden die Grundstrukturen des Abschnitts „Eigenkapitalanforderungen für Kreditrisiken" des VO-Entwurfs vom 20.07.2011 grafisch darstellt, worauf aufbauend die im VO-Entwurf aufgeführten Verfahrensansätze zur Ermittlung der Kreditrisiken im Grundsatz beschrieben werden.

In den letzten zwei Abschnitten werden die beiden Verfahren zur Ermittlung der Kreditrisiken („Kreditrisiko-Standardansatz" (KSA) und „auf internen Ratings basierender Ansatz" (IRBA) zunächst ohne die Risikominderung durch Garantien und Kreditderivate vorgestellt. Insbesondere der IRBA bedarf wegen seiner komplexen Risikogewichtsfunktion einer ausführlichen Vorstellung.

Die Anforderungen an Garantien und Kreditderivate, sowie deren Risikominderungseffekten werden, wie im VO-Entwurf auch, gesondert betrachtet und schließen dieses Kapitel ab.

(Auf die in diesem Buch verwiesenen Artikel des Verordnungsentwurfs der Europäischen Kommission über „Aufsichtsanforderungen an Kreditinstitute" vom 20.07.2011 werden im Anhang ausschnittsweise aufgeführt).

3.2 Grundlagen und Überblick

3.2.1 Bedeutung des Kreditrisikos

Neben dem Kreditrisiko werden ebenfalls das Marktpreisrisiko und das operationelle Risiko für die risikogewichtete Aktiva (RWA) berücksichtigt, welche zusammengefasst den Gesamtforderungs- bzw. Gesamtanrechnungsbetrag bilden, der für die Eigenkapitalquoten erforderlich ist (siehe *Abbildung 9*).

Abbildung 9: Gesamtanrechnungsbetrag für Risiken[50]

Aber selbst wenn Risiken, wie die Marktpreisrisiken, im Rahmen der jüngsten Finanzmarktkrise zumindest temporär erheblich an Bedeutung gewonnen haben, ist und bleibt das Kreditrisiko für den weit überwiegenden Teil der Kreditinstitute die wesentliche branchentypische Risikoart, dessen Reduzierung zu einer erheblichen Verbesserung der Kapitalquote beitragen kann.

Diese Bedeutung veranschaulicht die untere Tabelle, in der die Zusammensetzung des Gesamtanrechnungsbetrags für die Risikopositionen von drei großen, deutschen Kreditinstituten aus dem Jahr 2008 aufgeführt ist. Die Tabelle macht deutlich, warum insbesondere die Beeinflussung der Kreditrisikopositionen für die Institute wesentlich ist.

Stand: 31.12.2008 in Mio. €	Deutsche Bank	Commerzbank	Hypo-Vereinsbank	Σ	in %
Kreditrisikopositionen	19.809	16.789	10.080	46.678	86
Marktrisikopositionen	1.880	374	976	3.230	6
Operationelle Risikopositionen	2.930	724	800	4.454	8
Gesamtanrechnungsbetrag (RWA)	24.619	17.887	11.856	54.362	100

Tabelle 1: Anrechnungsbeträge für Risikopositionen von 3 Geschäftsbanken[51]

---

[50] Eigene Darstellung in Anlehnung an *KPMG*: Basel III, 2011, S. 15.

Das Geschäftsmodell der Banken und die Zuordnung dieser Geschäfte in die bankaufsichtsrechtliche Berechnungssystematik führen dazu, dass die Kreditrisikopositionen im obigen Fall 86% des Gesamtanrechnungsbetrags für Risikopositionen ausmachen.

3.2.2 Begriffsbestimmung und Analyseeingrenzung des Kreditrisikos

Bei der Abgrenzung einzelner Unterbegriffe zum Begriff des Kreditrisikos ist zwischen der allgemeinen, bankbetrieblichen und der bankaufsichtsrechtlichen Perspektive zu trennen.

3.2.2.1 Bankbetriebliche Definition des Kreditrisikos

Unter dem allgemeinen, bankbetrieblichen Kreditrisikobegriff, auch Adressenrisiko genannt, ist die Gefahr zu verstehen, dass ein Kreditinstitut eine Gewinnminderung bzw. Verluststeigerung aufgrund der verschlechterten Bonität eines Geschäftspartners erfährt[52] und umfasst dabei das Risiko des Ausfalles oder der Verringerung des Marktwertes eines Kredits.[53]

Kreditrisiko nach Zeitpunkt der Leistung

Bei dem bankbetrieblichen Kreditrisikobegriff werden hinsichtlich des Zeitpunkts der vom Institut zu erbringenden Leistung zwei Fälle unterschieden,[54] zum einen das Ausfallrisiko (bei einem Finanzierungsvertrag) und zum anderen das Eindeckungsrisiko (bei einem Terminvertrag).

Einerseits kann das Kreditinstitut bei einem Finanzierungsvertrag bereits Vorleistung in Form von Zahlungen erbracht haben; es wird dann vom Ausfallrisiko oder wie in der SolvV vom Adressenausfallrisiko gesprochen,[55] welches beim klassischen Kreditgeschäft vorkommt und im nächsten Unterabschnitt aus bankaufsichtsrechtlicher Perspektive definiert wird.

---

[51] Vgl. *Hartmann-Wendels/Pfingsten/Weber*: Bankbetriebslehre, 2010, S. 429.
[52] Vgl. *Bieg/Krämer/Waschbusch*: Bankenaufsicht in Theorie und Praxis, 2009, S. 27.
[53] Vgl. *Pircher*: Kreditrisiko, 2008, S. 3.
[54] Vgl. *Bieg/Krämer/Waschbusch*: Bankenaufsicht in Theorie und Praxis, 2009, S. 27
[55] Vgl. *Bieg/Krämer/Waschbusch*: Bankenaufsicht in Theorie und Praxis, 2009, S. 27.

Durch die erbrachte Vorleistung trägt das Institut bis zur vollständigen Begleichung seines Anspruchs auf Tilgung und Zinsen das Ausfallrisiko des Schuldners (siehe *Abbildung 10*).

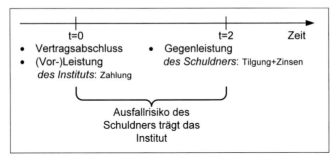

Abbildung 10: Finanzierungsvertrag

Andererseits besteht die Möglichkeit, dass die Bank noch keine Vorleistung erbringen musste; bei diesem sog. Terminvertrag wird dann vom Eindeckungsrisiko oder Wiedereindeckungsrisiko des Instituts gesprochen. Somit bestehen hier keine direkten Verlustmöglichkeiten durch den Ausfall des Schuldners, weil in dieser Situation das Kreditinstitut selbst seine Leistungsverpflichtung auch nicht zu erbringen braucht.

Das Risiko bei diesen Geschäften (z.B. Devisen-Terminkontrakte) ist darin zu sehen, dass die Bank aufgrund eines Ausfalls des Vertragspartners die noch nicht realisierten Gewinne aus dem nun nicht zur Ausführung kommenden Geschäft verliert.

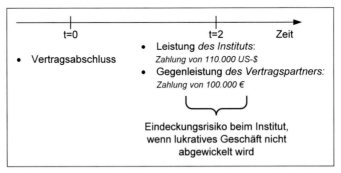

Abbildung 11: Terminvertrag

Der (indirekte) Verlust beträgt somit nicht den im Termingeschäft vereinbarten Nominalbetrag, sondern lediglich die sich aufgrund veränderter Marktbedingungen ergebenden Kosten für das Ersatzgeschäft. Die Möglichkeit, dass sich die Marktbedingungen auch zu Ungunsten der

Bank entwickeln können, wird nicht über das Kreditrisiko abgedeckt, sondern über das Marktrisiko, welches für die Untersuchung ausgeklammert wird.

Die untere Tabelle hebt noch einmal die Wesensmerkmale eines Finanzierungs- und Terminvertrags hinsichtlich des Zeitpunkts der zu erbringenden Leistung hervor und der damit verbundenen Kreditrisikoart aus bankbetrieblicher Perspektive vor.

	t=0	t=2	Kreditrisiko
Finanzierungsvertrag	Vertragsabschluss (Vor-)Leistung	Gegenleistung	*Ausfallrisiko*
Terminvertrag	Vertragsabschluss	Leistung Gegenleistung	*Eindeckungsrisiko*

Tabelle 2: Kreditrisiko nach Zeitpunkt der Leistung[56]

Da das Institut beim Finanzierungsvertrag Vorleistung erbringen muss, besteht hier ein höheres Schadensausmaß als bei einem Terminvertrag, bei dem der Ausfall des Geschäftspartners lediglich zu einem nicht realisierten Gewinn führen könnte.

Abgesehen von den genannten Argumenten, dass die Kreditvergabe zum Kerngeschäft der Institute zählt und der hohen Bedeutung von Finanzierungsverträgen für die Realwirtschaft, zeigt diese Unterscheidung des Kredit-/Adressrisikos hinsichtlich des Zeitpunkts der Leistung, warum dieses Buch sich mit der Risikominderung von Forderungen an Unternehmen durch Garantien und Kreditderivaten beschäftigt und nicht mit der Absicherung von Termingeschäften.

Aber nicht nur Forderungen an Unternehmen stellen Finanzierungsverträge dar, sondern auch Garantien und Kreditderivate können als Finanzierungsverträge angesehen werden; aber nicht wie bei dem Kreditgeschäft als ein *unbedingter* Finanzierungsvertrag zwischen Bank und Kunde, sondern als ein *bedingter* Finanzierungsvertrag zwischen Bank und Garantiegeber. Denn hier leistet das Kreditinstitut auch im Vorfeld eine Leistung (nämlich die Versicherungsprämie) und überträgt dabei das Ausfallrisiko seines Kunden auf den Garantiegeber.

---

[56] Eigene Darstellung in Anlehnung an *Kaiser*: Finanzintermediation, 2006, S. 10.

Da die Gegenleistung des Garantiegebers, unter der Bedingung, dass die abgesicherte Forderung ausfällt, auch erst in Zukunft erfolgt, liegt hier ein erneutes Ausfallrisiko vor; und zwar nun, dass der Garantiegeber ausfällt.

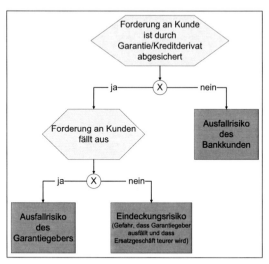

Abbildung 12: Ausfall- und Eindeckungsrisiko bei abgesicherten Forderungen

Für den Fall, dass der Garantiegeber ausfällt, aber die Forderung weiterhin werthaltig ist, liegt ein Wiedereindeckungsrisiko für die Bank vor. Denn unter Umständen hat sich die Bonität des Bankkunden verschlechtert, so dass die Bank für eine neue Absicherung höhere Versicherungsprämien zahlen muss.

3.2.2.2 Bankaufsichtsrechtliche Definition und Erfassung des Kreditrisikos

Im Bankaufsichtsrecht werden verschiedene Fachbegriffe, die sich um die Ausdrücke „Kreditrisiko" oder auch „Ausfallrisiko" ranken, verwendet.[57] Der VO-Entwurf gebraucht den Begriff „Kreditrisiko" und stützt sich auf die Begriffsbestimmung des in der SolvV synonym verwendeten „Adressenausfallrisikos".

Die SolvV definiert in § 4 Abs. 2 S. 2 den Begriff „Adressenausfallrisiko" u.a. als ein Risiko, „dass eine natürliche oder juristische Person oder eine Personenhandelsgesellschaft, gegenüber der das Institut einen bedingten oder unbedingten Anspruch hat, *nicht* oder *nicht fristgerecht* leistet."

---

[57] Vgl. *Dürselen*: Bankenaufsicht V, S. 8.

Das „Adressenausfallrisiko" i.S.d. der SolvV besteht somit zum einen aus dem Ausfallrisiko, also die Gefahr, „dass der Kreditnehmer seiner Verpflichtungen zur Kredittilgung sowie der Zahlung der vereinbarten Zinsen, Provisionen und Gebühren nicht oder nur zum Teil nachkommt", und zum anderen aus dem Terminrisiko[58], welches die Gefahr einer verzögerten Zahlung ausdrückt. Das Ausfall- und Terminrisiko bilden zusammen das Bonitätsrisiko.[59]

Das „Adressenausfallrisiko" bzw. das „Kreditrisiko" wird nur dann bei der Ermittlung des Kreditrisikos berücksichtigt, wenn diese Risikoposition nicht aus der Handelsbuchtätigkeit des Instituts resultiert.[60] Ansonsten würden diese Handelsbuch-Risikopositionen für die Ermittlung des Abwicklungs- oder Marktpreisrisikos berücksichtigt, welche nicht Gegenstand dieser Studie sind und für die andere Ermittlungsverfahren als der Kreditrisiko-Standardansatz oder IRB-Ansatz gelten.

Der VO-Entwurf zählt zum Handelsbuch sämtliche Positionen in Finanzinstrumente, die ein Institut mit Handelsabsicht hält[61] und meint damit z.B. Finanzinstrumente, die das Institut zum Zweck des *kurzfristigen* Wiederverkaufs hält, um erwartete Unterschiede zwischen Kauf- und Verkaufspreisen oder Marktkursschwankungen *kurzfristig* zu nutzen, damit ein Eigenhandelserfolg erzielt wird (Vorliegen einer Handelsabsicht).[62] „Alle Geschäfte eines Instituts, die nicht dem Handelsbuch zuzurechnen sind", werden dem Anlagebuch zugerechnet (Nichthandelsbuchtätigkeiten).[63] Hierzu zählt insbesondere das traditionelle, (*längerfristige*) Kreditgeschäft (z.B. Forderungen an Unternehmen).

Wenn das „Adressenausfallrisiko" bzw. das „Kreditrisiko" bei der Ermittlung des Kreditrisikos nach KSA oder IRBA berücksichtigt wird, weil es
- unter der Definition von § 4 Abs. 2 S. SolvV fällt *und*
- aus der Nichthandelsbuchtätigkeit stammt *und*
- nicht bereits vom haften Eigenkapital abzogen wurde,[64]

werden diese Risikopositionen auch als „Adressenausfallrisikopositionen" oder „Kreditrisikopositionen" bezeichnet.

---

[58] Terminrisiko ≠ Eindeckungsrisiko eines Terminvertrags
[59] Vgl. *Büschgen*: Bankbetriebslehre, 1991, S. 709, 710.
[60] Vgl. § 4 (2) Nr. 1 SolvV bzw. Art. 87 Nummer 3 Buchstabe a VO-Entwurf.
[61] Vgl. Art. 4 (62) VO-Entwurf.
[62] Vgl. § 1a (1) S. 1 Nr. 1 KWG bzw. Art. 4 (59) VO-Entwurf.
[63] Vgl. § 1a (2) KWG.
[64] Vgl. § 4 (2) SolvV bzw. Art. 108 VO-Entwurf.

Adressrisikopositionen

Neben dem „Adressenausfallrisiko" gibt es weitere Risikopositionen, die ebenfalls bei der Ermittlung des Kreditrisikos berücksichtigt werden (siehe *Abbildung 13*). Diese Risikopositionen werden allgemein als Adressrisikopositionen bezeichnet und setzen sich aus dem vorhin beschriebenen „Kredit-/ Adressenausfall-", dem „Verwässerungs-/ Veritäts-" und dem „Gegenpartei-/ Abwicklungsrisiko" zusammen.[65]

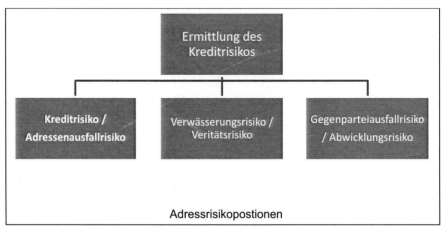

Abbildung 13: Kreditrisikopositionen

Allerdings resultieren die beiden, letztgenannten Adressrisikopositionen nicht aus dem klassischen Kerngeschäft der Institute.

So tritt das „Verwässerungs-/ Veritätsrisiko"[66] nur beim Ankauf von Forderung auf und meint damit die Gefahr, dass der Forderungsbuchwert unter dem tatsächlichen Anspruch liegt.[67]

Das „Gegenpartei- / Abwicklungsrisiko"[68] ist wie zuvor erwähnt lediglich bei Handelsbuchtätigkeiten relevant und obliegt somit auch nicht dem herkömmlichen Kreditgeschäft.

---

[65] Gemäß Artikel 102 i.V.m. Artikel 87 Absatz 3 Buchstaben a und f VO-Entwurf
[66] Gemäß Artikel 4 (26) des VO-Entwurfs ist das „Verwässerungsrisiko das Risiko, dass sich der Forderungsbetrag durch bare oder unbare Ansprüche des Forderungsschuldners vermindert" und ist bei angekauften Forderungen relevant.
[67] Vgl. § 71 Absatz 2 SolvV bzw. Artikel 4 (26) VO-Entwurf
[68] Gemäß Artikel 267 Absatz 1 des VO-Entwurfs ist das „Gegenparteiausfallrisiko das Risiko des Ausfalls der Gegenpartei eines Geschäfts vor der abschließenden Abwicklung der mit diesem Geschäft verbundenen Zahlungen" und ist nur bei Handelsbuchtätigkeit relevant
[Artikel 87 Absatz 3 Buchstabe f VO-Entwurf].

Zu beachten ist, dass aus der Berechnungssystematik heraus die Adressrisikopositionen nur anzusetzen sind, soweit sie nicht von den Eigenmitteln abgezogen werden.[69] Ansonsten käme es zu einer Doppelbelastung.[70]

Adressenausfallrisikopositionen

Die relevanten „Adressenausfall-/ Kreditrisikopositionen" eines Instituts lassen sich in den folgenden drei Gruppen von Risikopositionen unterteilen, welche nachfolgend mit Fokus auf „Forderungen an Unternehmen" und „Garantien und Kreditderivate" erläutert werden:

1. *bilanzielle Adressenausfallrisikopositionen*
2. *derivative Adressenausfallrisikopositionen*
3. *außerbilanzielle Adressenausfallrisikopostionen*

Diese Unterteilung ist deswegen so wichtig, weil bilanzierte und somit werthaltige Ansprüche für die Ermittlung der Kreditrisiken mit einem höheren Forderungswert berücksichtigt werden, als ungewisse Ansprüche, wie es bei außerbilanziellen Positionen der Fall ist. Aus diesem Grund sind für diese Positionen anrechnungsmindernde Abschläge (die sog. Konversionsfaktoren bzw. Umrechnungsfaktoren) vorgesehen. Der Forderungswert aus derivativen Positionen muss sogar durch vorgegebene Bewertungsverfahren bestimmt werden.[71]

Bilanzielle Adressenausfallrisikopositionen

„*Bilanzielle Adressenausfallrisikopositionen* sind ein wesentlicher Bestandteil der Adressenausfallrisikopositionen eines Instituts."[72] Insbesondere fasst die SolvV hierunter die Bilanzaktiva im Sinne von § 19 Abs. 1 Satz 2 Nr. 1-9 des KWGs.[73] Unter Nummer 4 werden die Forderungen an Kunden aufgelistet, worunter die Forderungen an Unternehmen fallen.

---

[69] Vgl. Artikel 108 Absatz 1 VO-Entwurf.
[70] Vgl. *Bieg/Krämer/Waschbusch*: Bankenaufsicht in Theorie und Praxis, 2009, S. 203
[71] Vgl. Artikel 266 Absatz 1 VO-Entwurf.
[72] Vgl. *Bieg/Krämer/Waschbusch*: Bankenaufsicht in Theorie und Praxis, 2009, S. 209.
[73] Vgl. § 10 Nummer 1 SolvV.

Bilanzaktiva, wie Kassenbestände, zählen nicht zu den *bilanziellen Adressenausfallrisikopositionen*, weil diese Bilanzposition kein Kreditrisiko begründet. Aber auch Bilanzpositionen, die vom haftenden Eigenkapital bzw. regulatorischen Kapital abgezogen werden, wie z.B. immaterielle Anlagewerte, bleiben ebenfalls bei der Ermittlung des Kreditrisikos unberücksichtigt.[74] Wie zuvor erwähnt, käme es dann zu einer doppelten Anrechnung von Risiken. Diese Einschränkung wird durch die untere Abbildung verdeutlicht.

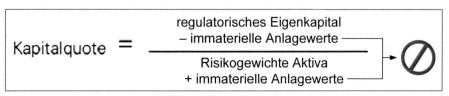

Abbildung 14: Verbot der doppelten Erfassung von Risiken

Wenn die Risikoposition bereits von dem regulatorischen Eigenkapital abgezogen wurden, hätte eine Hinzurechnung bei der risikogewichten Aktiva (Gesamtanrechnungsbetrag) eine zweifache Berücksichtigung des ein und selben Risikos im Zähler und Nenner zu Folge.

Derivative Adressenausfallrisikopositionen

Neben den *bilanziellen Adressenausfallrisikopositionen* stellen die *derivativen Adressenausfallrisikopositionen* einen weiteren Bestandteil der Adressenausfallrisikoposition eines Instituts dar.[75] Kann das Derivat ein Vermögenswert oder eine Verbindlichkeit sein – je nach Marktentwicklung – ist ein Kreditrisiko nur dann vorhanden, wenn das Derivat einen positiven Wert (also Vermögenswert) für das Unternehmen aufweist, weil es nur dann eine Forderung gegenüber der Gegenpartei hat, die ausfallgefährdet ist. Das Risiko, dass Derivate aufgrund ungünstiger Marktentwicklung auch Verbindlichkeiten darstellen können, wird über das Marktpreisrisiko berücksichtigt und stellt somit kein Kreditrisiko dar.[76]

Kreditderivate, die das Institut zur Absicherung von Forderung hält, können nur als Vermögenswerte angesehen werden. Dadurch können diese Kreditderivate prinzipiell einem Kreditrisiko unterliegen. Für diesen Vermögenswert gibt es allerdings eine Ausnahmeregelung, so dass Kreditderivate doch nicht zu den *derivativen Adressenausfallrisikopositionen* subsummiert werden.

---

[74] Vgl. *Bieg/Krämer/Waschbusch*: Bankenaufsicht in Theorie und Praxis, 2009, S. 210.
[75] Vgl. *ebenda*, S. 213.
[76] Vgl. *Boos/Fischer/Schulte-Mattler*: KWG-Kommentar, 2012, S. 2350, Tz. 5.

Laut SolvV werden nur die derivativen Instrumente für den Transfer von Kreditrisiken berücksichtigt, bei denen das Institut zwar Sicherungsnehmerin ist, aber dieses Kreditderivat nicht bei der Ermittlung des risikogewichteten Positionswert einer anderen Adressenausfallrisikoposition berücksichtigt wird.[77]

Dieser Ausnahmetatbestand soll die zweifache Erfassung von Garantien und Kreditderivate verhindern: nämlich zum einen die Anrechnung als risikomindernde Sicherheit bei den *bilanziellen Adressenausfallrisikopositionen* (z.B. Forderungen an Kunden) und zum anderen die Berücksichtigung als *derivative Adressenausfallrisikoposition*. Somit verhindert die Nichtberücksichtigung von Garantien und Kreditderivate als derivative *Adressenausfallrisikoposition* eine doppelte Erfassung bei der Ermittlung von Kreditrisiken[78] und stellt zugleich eine Vereinfachung der Berechnungssystematik dar.

Aus diesem Grund werden die im weiteren Verlauf vorgestellten Garantien und Kreditderivate nicht unter den *derivativen Adressenausfallrisikopositionen* fallen, sondern es wird lediglich deren risikomindernde Wirkung bei den bilanziellen Adressrisikopositionen untersucht.

Außerbilanzielle Adressenausfallrisikopositionen

Abgesehen von den *bilanziellen* und den *derivativen Adressenausfallrisikopositionen* stellen die *außerbilanziellen Adressenausfallrisikopositionen* einen dritten wesentlichen Bestandteil der Adressenausfallrisikopositionen eines Instituts dar.[79] Die Zuordnung von Garantien und Kreditderivate zu den *außerbilanziellen Adressenausfallrisikopositionen* gemäß § 19 Abs. 1 Satz 3 KWG hat immer dann zu erfolgen, wenn das Institut selbst Gewährleistungsgeber ist.[80] Da der Anlass dieser Untersuchung die Unterkapitalisierung der Kreditinstitute ist, werden nur die Garantien und Kreditderivate analysiert, welche eine eigenkapitalentlastende Wirkung haben und nicht die, bei denen das Kreditinstitut für die Verpflichtungen eines anderen haftet (Eventualverbindlichkeit[81]).

Interessant an dieser Stelle ist jedoch der Hinweis, dass im Gegensatz zu den *bilanziellen* oder *derivativen Adressenausfallrisikopositionen*, es bei den *außerbilanziellen Adressenausfallrisikopositionen* um „passivseitige" Risiken geht. Bei den anderen beiden Risikopositionen

---

[77] Vgl. § 11 Absatz 1 Nummer 1. a) SolvV.
[78] Vgl. *Bieg/Krämer/Waschbusch*: Bankenaufsicht in Theorie und Praxis, 2009, S. 216.
[79] Vgl. *ebenda*, S. 219.
[80] Vgl. § 13 Absatz 1 Nummer 1 SolvV.
[81] „Bei den Eventualverbindlichkeiten handelt es sich um Haftungsverpflichtungen, die auf das Kreditinstitut zukommen können." [*Hartmann-Wendels/Pfingsten/Weber*: Bankbetriebslehre, S. 821]

handelt es sich um „aktivseitige" Risiken und meint damit die Gefahr, dass die Ansprüche oder die möglichen Ansprüche des Kreditinstituts *nicht* oder *nicht fristgerecht* vom Schuldner beglichen werden.

Wohingegen die Gefahr bei den *außerbilanziellen Adressenausfallrisikopositionen* darin zu sehen ist, dass die Bank selbst Schuldnerin wird. Beispielsweise wenn das Kreditinstitut Garantien ausgestellt hat und nun der Garantiebegünstigte seinen Verpflichtungen nicht mehr nachkommt, so dass die Bank die Schuld des Garantiebegünstigen begleichen muss.

3.2.2.3 Resümee

Zusammenfassend ordnet die untere Tabelle die „Forderungen an Unternehmen" sowie die „Garantien und Kreditderivate" die unterschiedlichen Risikobegriffe aus allgemeiner, bankbetrieblicher Perspektive und aus bankaufsichtsrechtlicher Perspektive im Rahmen dieses Buches zu.

	Bankbetriebliche, allgemeine Perspektive	Bankaufsichtsrechtliche Perspektive
Forderungen an Unternehmen (unbedingter Finanzierungsvertrag)	Ausfallrisiko des Kunden	Bilanzielles Adressenausfallrisiko
Garantien/Kreditderivate (bedingter Finanzierungsvertrag)	Ausfallrisiko des Garantiegebers / Eindeckungsrisiko	Weder bilanzielles, noch derivatives, noch außerbilanzielles Adressenausfallrisiko

Tabelle 3: Zusammenfassung des Kreditrisikobegriffs und des Analysebereichs

3.2.3 Eigenkapitalanforderungen für das Kreditrisiko

Nun wo der Analysebereich und die unterschiedlichen Kreditrisikobegriffe hinreichend bestimmt wurden, stellt sich die Frage wie die Eigenkapital- bzw. Eigenmittelanforderungen für das eingegrenzte Kreditrisiko aussehen.

Wie aus der *Abbildung 7* auf Seite 12 zu erkennen war, werden bestimmte Vorschriften aus dem KWG und der SolvV durch die „Verordnung über Aufsichtsanforderungen an Kreditinstitute" herausgelöst. Zukünftig regeln die Artikel 87 bis 89 der Verordnung die Eigenmittelanforderungen an Institute.

Bis 2015 sieht der VO-Entwurf eine Gesamtkapitalquote – auch Solvabilitätskoeffizient genannt – von 8% vor,[82] welche sukzessiv bis auf 10,5% im Jahr 2019 angehoben wird.

$$\frac{\text{Gesamtkapitalquote}}{\text{/ Solvablitätskoeffizient}} = \frac{\text{regulatorisches Eigenkapital}}{\text{Risikogewichtete Aktiva (risikogewichtete Adressenausfallpositionen)}} \geq \begin{array}{l} \textbf{8 Prozent (bis 2015)} \\ \text{10,5 Prozent (ab 2019)} \end{array}$$

Abbildung 15: Solvabilitätskoeffizient

Diese Eigenmittelanforderungen bedeutet im Umkehrschluss, dass die Kreditinstitute für ihre gewichteten Adressenausfallrisikopositionen aktuell 8% bankaufsichtsrechtliches Eigenkapital unterlegen müssen oder anders ausgedrückt: Die risikogewichtete Aktiva darf nicht mehr als das 12,5-fache des haftenden Eigenkapitals betragen (reziproker Wert von 8%).

Aus der Multiplikation der gewichteten Kredit- bzw. Adressenausfallrisikopositionen mit dem Solvabilitätskoeffizienten von 0,08 erhält das Institut den Anforderungsbetrag für das zu unterlegende Eigenkapital.

$$Eigenkapitalanforderung = risikogewichtete\ Positionswerte * 0,08$$

Formel 1: Eigenkapitalanforderung

Aus dieser Formel ist ersichtlich, dass die gewichteten Kreditrisikopositionen die Höhe der Eigenkapitalanforderungen beeinflussen, deren Ermittlung in dem folgenden Unterabschnitt im Grundsatz erläutert wird.

---

[82] Vgl. Artikel 87 Absatz 1 Buchstabe c VO-Entwurf.

3.2.4 Ermittlung des Kreditrisikos

3.2.4.1 Grundstruktur der Bestimmungen zu den Kreditrisiken

Die *Abbildung 16* stellt die Grundstrukturen des Titels II „Eigenkapitalanforderungen für Kreditrisiken" aus der „Verordnung über Aufsichtsanforderungen an Kreditinstitute" (VO-Entwurf) dar. In diesem als Titel bezeichneten Abschnitt des VO-Entwurfs sind die Bestimmungen für die Ermittlung der Kreditrisiken nach Basel III enthalten, auf welche dieses Buch verweisen wird.

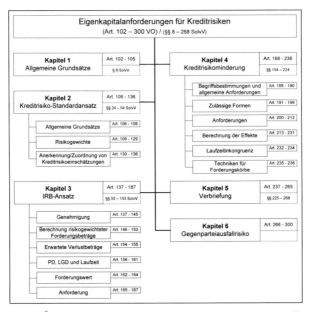

Abbildung 16: Grafischer Überblick: Grundstruktur der wesentlichen Bestimmungen zu den Kreditrisiken

Wie die Abbildung veranschaulicht, besteht der Titel II aus insgesamt 6 Kapiteln, wovon aber nur die ersten vier Kapitel relevant sind. Insbesondere die Kapitel 2 „Kreditrisiko-Standardansatz", Kapitel 3 „IRB-Ansatz" und Kapitel 4 „Kreditrisikominderung" werden für dieses Buch wesentlich sein.

Neben den Verweisen auf die Artikel zu den jeweiligen Kapiteln und Abschnitten des Titel II des VO-Entwurfs sind in der Abbildung ebenfalls Angaben zu den korrespondierenden Paragraphen der aktuell noch gültigen Fassung der SolvV angegeben, um in Auslegungsfragen bei den kommenden Basel III-Vorschriften Auskünfte zu erhalten.

3.2.4.2 Ansätze zur Kreditrisikobestimmung

Die Kreditrisiken werden entweder nach dem Kreditrisiko-Standardansatz (KSA) oder nach dem internen Ratings basierenden Ansatz (IRBA) ermittelt.[83]

Kreditrisiko-Standardansatz (KSA)

Beim KSA basiert die Bonitätsbeurteilung des Schuldners auf externen Ratings,[84] wohingegen die Institute beim IRBA auf ihre eigenen Bonitätseinschätzungen (internes Rating) zurückgreifen können.[85]

Der KSA vergibt feste KSA-Risikogewichte, die sich am externen Rating des Schuldners der jeweiligen Adressenausfallrisikoposition orientieren. Wegen der sehr pauschalen Kreditrisikogewichtung, ist die Risikosensitivität beim KSA sehr gering. Durch die ausschließliche Verwendung externer Ratings braucht das Institut selbst keine Risikofaktoren zu schätzen, weshalb die Komplexität des KSA ebenfalls sehr gering ist (siehe *Abbildung 17* auf Seite 30).[86]

Interner-Rating-Basierender-Ansatz (IRBA)

Beim IRBA greift das Institut auf eigene Bonitätseinschätzungen zurück und bestimmt somit die Risikoparameter selbst, welche vom jeweiligen Schuldner und von dem zugrunde liegenden Kredit abhängt. Diese selbst ermittelten Risikoparameter gehen in (von der Bankaufsicht vorgegebene) mathematische Funktionen ein, mit deren Hilfe das auf die jeweilige Kreditrisikoposition anzuwendende Risikogewicht ermittelt wird.

Bei diesem Ansatz orientiert sich das Risikogewicht sehr viel stärker an der tatsächlichen Ausfallwahrscheinlichkeit, als dies beim KSA der Fall ist. Daher verfügt der IRBA über eine deutlich höhere Risikosensitivität, für die allerdings auch eine deutlich höhere Komplexität in Kauf genommen werden muss. Schließlich können die Institute nicht auf externe Ratings zurückgreifen, sondern ermitteln intern die relevanten Risikoparameter.

Wichtig an dieser Stelle ist, dass die Institute beim IRBA zwischen zwei unterschiedlichen komplexen Varianten wählen können: dem einfacheren IRB-Basisansatz und dem fortgeschrittenen IRBA.

---

[83] Vgl. Artikel 102 VO-Entwurf.
[84] Vgl. *Munsch/Weiß*: Externes Rating, 2002, S. 41.
[85] Vgl. *Bieg/Krämer/Waschbusch*: Bankenaufsicht in Theorie und Praxis, 2009, S. 226.
[86] Vgl. *ebenda*.

Beim IRB-Basisansatz schätzt das Institut nur die Ausfallwahrscheinlichkeit des Schuldners, abgekürzt PD („probability of default"). Während beim fortgeschrittenen IRBA sämtliche Risikoparameter (PD, LGD, M, EAD) bestimmt werden müssen, welche im Einzelnen im *Unterabschnitt 3.4.4* erläutert werden. Dies hat zur Folge, dass beim IRB-Basisansatz die Risikosensitivität und die Komplexität geringer als beim fortgeschrittenen IRBA sind.

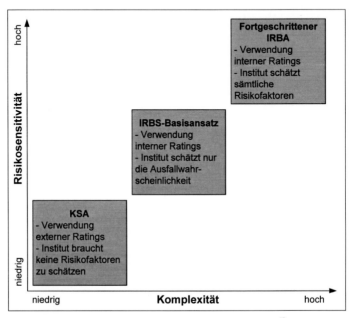

Abbildung 17: Komplexität und Risikosensitivität des KSA und der IRBS-Varianten[87]

---

[87] Vgl. *Bieg/Krämer/Waschbusch*: Bankenaufsicht in Theorie und Praxis, 2009, S. 227.

3.3 Standardansatz (KSA)

3.3.1 Rechtliche Grundstruktur der Ermittlung der Kreditrisiken nach KSA

Die Bestimmungen zum Kreditrisiko-Standardansatz (KSA) sind hauptsächlich im Kapitel 2 des Titels II „Eigenkapitalanforderungen für Kreditrisiken" enthalten und umfassen die Artikel 106 bis 136. Wie in der unteren Abbildung dargestellt, besteht Kapital 2 aus den drei Abschnitten „Allgemeine Grundsätze", „Risikogewichte", sowie „Anerkennung und Zuordnung von Kreditrisikoeinschätzungen".

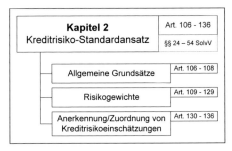

Abbildung 18: Überblick über die Grundstruktur der Kreditrisikoermittlung nach KSA

In den folgenden Unterabschnitten wird zunächst ein Überblick über die generelle Systematik zur Berechnung der gewichteten Kreditrisikopositionen im Sinne der *Formel 2* nach dem Kreditrisiko-Standardansatz gegeben.

$$Eigenkapitalanforderung = risikogewichtete\ Positionswerte_{KSA} * 0{,}08$$

Formel 2: Eigenkapitalanforderungen: KSA

Anschließend werden einige besonders relevante Teilaspekte zur Ermittlung der Kreditrisiken detaillierter erläutert, z.B. die Zuordnung der Adressenausfallrisikopositionen zu KSA-Forderungsklassen und die Bestimmung der Risikogewichte.

3.3.2 Allgemeine Grundsätze

In Artikel 108 Absatz 1 des Abschnitts „Allgemeine Grundsätze" ist die Berechnungssystematik des KSA enthalten. Hier heißt es, dass „zur Berechnung der risikogewichteten Forderungsbeträge" alle „Forderungen, (sofern sie nicht von den Eigenmitteln abgezogen werden), Risikogewichte nach Maßgabe von Abschnitt 2 zugeteilt" werden. Der VO-Entwurf spricht von „risikogewichteten Forderungsbeträge" und von „Forderungswert", welche synonym zu den

Begriffen „risikogewichtete Positionswerte" und „Positionswert" in der SolvV verwendet werden.

Abbildung 19: KSA-Berechnungsschema

Die *Abbildung 19* veranschaulicht in gekürzter Form die Berechnung der risikogewichteten Forderungsbeträge bzw. risikogewichteten Positionswerte gemäß der *Formel 3*.

In detaillierter Form, auf die anschließend eingegangen wird, sieht das Berechnungsschema zur Ermittlung der Kreditirisiken nach dem KSA wie folgt aus:

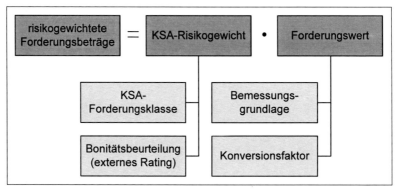

Formel 3: Ermittlung der Kreditrisiken nach KSA

3.3.3 Forderungswert (E)

Bei der Ermittlung der Kreditrisiken nach KSA wird der Forderungswert mit „E" abgekürzt (engl.: exposure) und setzt sich aus der Bemessungsgrundlage (BMG) und dem Konversionsfaktor zusammen (siehe Formel 4), deren Zusammensetzung wegen des Unterabschnitts *3.2.2 Begriffsbestimmung und Analyseeingrenzung des Kreditrisikos* kurz gefasst wird.

$$Forderungswert\ (E) = BMG * Konversionsfaktor_{KSA}$$

Formel 4: Forderungswert: KSA

Schließlich unterliegt bei vielen außerbilanziellen Adressenausfallrisikopositionen nicht der gesamte Nominalbetrag bzw. Bemessungsgrundlage des Geschäfts dem Kreditrisiko. Deswegen müssen diese Geschäfte erst unter Anwendung eines Konversionsfaktors in den Forderungswert bzw. Positionswert umgerechnet werden.[88] Je nach Risikoeinschätzung kann der Konversionsfaktor bei 0% (bei Posten mit geringem Risiko) bis 100% (bei Posten mit hohem Risiko) liegen.[89]

Bei derivativen Adressenausfallrisikopositionen gibt es sogar vorgegebene Bewertungsmethoden, die sich mit der Berechnung des Forderungswerts auseinandersetzen, wie z.B. die Marktbewertungsmethode.[90]

Aber wie in *Unterabschnitt 3.2.2* eingegrenzt, kommen nur bilanzielle Adressenausfallrisiken vor, deren Konversionsfaktor bei 100% liegt und der Forderungsbuchwert der Bemessungsgrundlage entspricht. Denn in Artikel 106 Satz 1 des VO-Entwurfs heißt es, dass der Forderungswert eines Aktivpostens der Buchwert sei.[91]

Zwar gibt es für das Institut die Möglichkeit den ausstehenden Kreditbetrag (E) durch Sicherheiten zu reduzieren. Doch diese Reduzierung kann nur beim IRB-Ansatz unter Anwendung der umfassenden Methode vorgenommen werden,[92] welche allerdings die Besicherung mit Sicherheitsleistung (bei finanziellen Sicherheiten, wie Bargeld oder Gold) verlangt.

Abgesehen davon, dass der KSA die umfassende Methode nicht vorsieht, würden Garantien und Kreditderivate darüber hinaus auch nicht die Anforderungen an Finanzsicherheiten nach Artikel 202 des VO-Entwurfs erfüllen. Daher bleibt der Forderungswert (E) beim KSA, trotz vorhandener Sicherheiten, wie Garantien und Kreditderivaten, fix.[93]

Garantien und Kreditderivaten können jedoch das Risikogewicht reduzieren und somit die risikogewichteten Forderungsbeträge zu Gunsten des Instituts beeinflussen. Die konkreten Anforderungen und die genauen Berechnungsvorschriften für die Einbeziehung von Garantien und Kreditderivaten werden jedoch erst im *Abschnitt 3.5* ausführlich beschrieben, so dass der folgende Unterabschnitt die Ermittlung des Risikogewichts ohne Besicherung von Krediten behandelt.

---

[88] Vgl. *Bieg/Krämer/Waschbusch*: Bankenaufsicht in Theorie und Praxis, 2009, S. 393.
[89] Vgl. Artikel 106 Absatz 1 Satz 2 VO-Entwurf.
[90] Vgl. Artikel 106 Absatz 2 i.V.m. Artikel 266 VO-Entwurf.
[91] Anpassungen des Forderungsbuchwerts durch Einzelwert- und Pauschalwertberichtigungen werden vernachlässigt.
[92] Vgl. Artikel 194 Absatz 1 i.V.m. Artikel 193 VO-Entwurf.
[93] Vgl. *Bieg/Krämer/Waschbusch*: Bankenaufsicht in Theorie und Praxis, 2009, S. 374.

3.3.4 KSA-Risikogewicht (RW_{KSA})

Der KSA basiert auf festen Risikogewichten von externen Ratingagenturen,[94] in Abhängigkeit der Forderungsklasse, der die Forderung zugeordnet wird. So heißt es in Artikel 108 Absatz 1 Satz 2 des VO-Entwurfs: Das „Risikogewicht richtet sich nach der Forderungsklasse, der die Forderung zugeordnet wird, und, […], nach deren Bonität." Deswegen setzt sich dieser Unterabschnitt nun intensiv mit den beiden Faktoren „KSA-Forderungsklasse und „Bonitätsbeurteilung" auseinander, um das KSA-Risikogewicht (abgekürzt RW_{KSA}) bestimmen zu können.

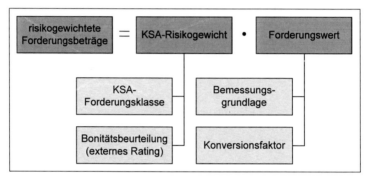

Abbildung 20: Zusammensetzung des KSA-Risikogewichts

3.3.4.1 Forderungsklasse

Der KSA sieht insgesamt 16 verschiedene Forderungsklassen vor,[95] wie z.B. Zentralstaaten, öffentliche Stellen, Kreditinstitute und Unternehmen.

Da sich diese Untersuchung mit den Kreditrisiken von Forderungen an Unternehmen auseinandersetzt, wird die Forderungsklasse „Unternehmen" augenscheinlich maßgeblich sein.[96]
Die SolvV fasst unter der Forderungsklasse „Unternehmen" Ansprüche gegenüber Unternehmen oder anderen natürlichen oder juristischen Personen zusammen, sofern diese Forderungen nicht in anderen Forderungsklassen zugeordnet werden.[97]

Eine Studie der Deutschen Bundesbank ergab, dass diese Forderungsklasse gemessen an der Kapitalanforderung die wichtigste Klasse bei großen Instituten darstellt.[98]

---
[94] Vgl. *Follmann*: Basel II und Solvency II, S. 24.
[95] Vgl. Artikel 107 VO-Entwurf.
[96] Vgl. Artikel 107 Buchstabe g i.V.m. Artikel 117 VO-Entwurf.
[97] Vgl. § 25 Absatz 9 SolvV: Zuordnung von KSA-Positionen zu KSA-Forderungsklassen.

Das liegt aber z.T. auch daran, dass jede KSA-Position, die keiner anderen KSA-Forderungsklasse eindeutig zugeordnet werden kann, der Forderungsklasse „Unternehmen" eingestuft wird,[99] die somit als Residualforderungsklasse fungiert und deswegen eine hervorzuhebende Rolle einnimmt.[100]

Darüber hinaus ermöglicht der VO-Entwurf für Forderungen an kleine oder mittlere Unternehmen (Mengengeschäft bzw. „Retail") eine Erleichterung für die Berechnung der Kreditrisiken, der sogenannte Mittelstandskompromiss.[101]

Nach Artikel 118 des VO-Entwurfs kann eine Forderung der sogenannten „Retailforderung" zugewiesen werden, wenn die Forderung

a) sich entweder an natürliche Person oder an kleine oder mittlere Unternehmen richtet;

b) eine von vielen Forderungen mit ähnlichen Merkmalen ist;

c) nicht über 1 Mio. EUR hinaus geht,

mit der Folge, dass die Forderungen pauschal ein Risikogewicht von 75% erhalten, ohne dass hierfür eine externe Bonitätsbeurteilung notwendig ist.

Die Erleichterungsvorschrift eines pauschalen KSA-Risikogewichts ist darauf zurückzuführen, dass für Kreditrisikopositionen der KSA-Forderungsklasse „Retailforderungen" üblicherweise keine externen Bonitätsbeurteilungen vorliegen.[102] Hieran wird deutlich, dass die Kreditvergabe insbesondere an kleine und mittlere Unternehmen auch durch Basel III eine operative Erleichterung erfahren soll.[103]

Bei kleinen Kreditinstituten, die sich weitestgehend mit der Finanzierung des Mittelstands beschäftigen, stellen die „Retailforderungen" sogar die größte Forderungsklasse dar.[104]

3.3.4.2 Bonitätsbeurteilung

Im Gegensatz zu den „Retailforderungen" bedarf es bei der KSA-Klasse „Forderung an Unternehmen" jedoch einer externen Bonitätsbeurteilung bzw. eines Ratings.

Die Risikoeinstufungen eines Ratingunternehmens können jedoch nur dann verwendet werden, solange die Ratingagentur von der Europäischen Bankaufsichtsbehörde (EBA) anerkannt

---

[98] Vgl. *Deutsche Bundesbank*: 5. Auswirkungsstudie, 2006, S. 33.
[99] Vgl. *Boos/Fischer/Schulte-Mattler*: KWG-Kommentar, 2012, S. 1719, Tz. 21.
[100] Vgl. *ebenda*, Tz. 22.
[101] Vgl. *Angelkort/Stuwe*: Basel III und Mittelstandsfinanzierung, S. 12.
[102] Vgl. *Bieg/Krämer/Waschbusch*: Bankenaufsicht in Theorie und Praxis, 2009, S. 354.
[103] Vgl. Begründung zum VO-Entwurf, S. 14.
[104] Vgl. *Deutsche Bundesbank*: 5. Auswirkungsstudie, 2006, S. 34.

wird.[105] Die offizielle Anerkennung als externe Bonitätsbeurteilungsinstitution wird auch mit dem „ECAI-Status"[106] bescheinigt. Zwar müssen diese zertifizierten Ratingagenturen, wie z.B. Fitch, Moody's, Standard & Poors und creditreform, besondere Anforderungen hinsichtlich Objektivität, Unabhängigkeit, laufender Überprüfung und Transparenz erfüllen,[107] doch dafür haben diese Ratingagenturen gegenüber Agenturen ohne „ECAI-Status" deutliche Wettbewerbsvorteile.[108] Schließlich können Kreditinstitute diese Ratings für die Berechnung ihrer Eigenkapitalanforderungen verwenden, so dass eine erhöhte Nachfrage nach ECAI-zertifizierten Ratings vorliegt.

Die Bankaufsichtsbehörden ordnen die Bonitätskategorien der anerkannten Ratingagenturen den aufsichtsrechtlichen Bonitätsstufen bzw. Rating-Klassen gemäß der *Tabelle 4* auf Seite 36 zu (Mapping). Der VO-Entwurf sieht, wie die sogenannte IFD-Ratingskala[109], sechs Rating-Klassen vor.

Da die Bonitätsbeurteilungen mit der Ausfallwahrscheinlichkeit (PD) korrespondieren, stellt die untere Tabelle die Ein-Jahres-Ausfallwahrscheinlichkeit der Bonitätskategorien von creditreform den Rating-Klassen gegenüber. Dabei gilt, je besser die Bonität, desto geringer ist die Ausfallwahrscheinlichkeit und desto geringer ist das Risiko.

Ausfallwahr-scheinlichkeit (PD)[110]	Bonitätsbeurteilungskategorie der Ratingagentur				Rating-Klasse
	Fitch	Moody's	Standard & Poors	creditreform	
0%- 0,22%	AAA bis AA-	Aaa bis Aa3	AAA bis AA-	100-149	1
0,23% - 0,57%	A+ bis A-	A1 bis A3	A+ bis A-	150-200	2
0,58% - 1,56%	BBB+ bis BBB-	Baa1 bis Baa3	BBB+ bis BBB-	201-250	3
1,57% - 5,40%	BB+ bis BB-	Ba1 bis Ba3	BB+ bis BB-	251-300	4
5,41% - 13,94%	B+ bis B-	B1 bis B3	B+ bis B-	301-350	5
ab 13,95%	CCC+ und darunter	Caa1 und darunter	CCC+ und darunter	351und höher	6

Tabelle 4: Zuordnung von einjähriger Bonitätsbeurteilung zu den aufsichtsrechtlichen Rating-Klassen[111]

---

[105] Vgl. Artikel 130 VO-Entwurf.
[106] Die in Einklang mit der Verordnung (EG) Nr. 1060/2009 stehenden Ratingagenturen werden als „external credit assessment institution" (ECAI) bezeichnet und können für die Bestimmung des Risikogewichts einer Forderung an Unternehmen im KSA herangezogen werden.
[107] Vgl. Artikel 130 VO-Entwurf: ECAI i.V.m. Verordnung (EG) Nr. 1060/2009.
[108] Vgl. *Everling*: Kredit & Rating Praxis, 2009, S. 4.
[109] IFD-Ratingskala: Um eine bessere Vergleichbarkeit der unterschiedlichen Ratingklassen der einzelnen Kreditinstitute zu erreichen, hat sich die „Initiative Finanzstandort Deutschland" (IFD) auf eine Standard-IFD-Ratingskala mit sechs Ratingstufen geeinigt. [vgl. *KFW*: IFD, S. 18]
[110] Ein-Jahres-Ausfallwahrscheinlichkeit deutscher Unternehmen nach Bonitätsklassen der creditreform im Betrachtungszeitraum von Januar 2011 bis Dezember 2011

Diese Zuordnung ist für die Ermittlung der Höhe der Kreditrisiken von besonderer Bedeutung, da bei der Forderungsklasse Unternehmen das KSA-Risikogewicht anhand dieser Rating-Klasse bestimmt wird.[112] So heißt es in Artikel 117: „Forderungen an Unternehmen" des VO-Entwurfs, dass „Forderungen für die ein Rating einer anerkannten ECAI vorliegt, wird ein Risikogewicht nach" *Tabelle 5* zugeordnet.

Artikel 117: Forderungen an Unternehmen						
Rating-Klasse	1	2	3	4	5	6
Risikogewicht	20%	50%	100%	100%	150%	150%

Tabelle 5: Rating-Klasse (Unternehmen) / Risikogewicht[113]

„Forderungen, für die kein solches Rating vorliegt, wird ein Risikogewicht von 100% zugewiesen".[114] Diese pauschale Zuweisung von 100% für Forderungen an Unternehmen, für die kein externes Rating vorliegt, ist kritisch zu sehen. Zwar ermöglicht diese Erleichterungsvorschrift die unbürokratische Vergabe von Krediten an nicht extern gerateten Unternehmen. Gleichzeitig birgt es aber auch die Gefahr, dass die Kreditinstitute weniger Eigenkapital unterlegen müssen, als wenn das Unternehmen der Rating-Klassen 5 und 6 zugeordnet worden wäre.

Dass die Zuordnung der Adressenausfallrisikopositionen in die jeweilige Forderungsklasse wichtig ist, zeigen die folgenden beiden Tabellen.

Für den Fall, dass die Bank Forderungen an Zentralstaaten hätte, wäre das Risikogewicht in Abhängigkeit der Rating-Klasse, abgesehen von den Rating-Klassen 4 und 6, deutlich niedriger und somit wäre auch das für das Institut zu unterlegende Eigenkapital geringer.

Artikel 109: Forderungen an Zentralstaaten						
Rating-Klasse	1	2	3	4	5	6
Risikogewicht	0%	20%	50%	100%	100%	150%

Tabelle 6: Rating-Klasse (Zentralstaaten) / Risikogewicht

Die Motive für die jeweiligen Rating-Klassen unterschiedliche Risikogewichte in Abhängigkeit der Forderungsklasse zuzuordnen sind offenbar politisch. Andernfalls ist es auf dem ersten

---

[111] Vgl. *Boos/Fischer/Schulte-Mattler*: KWG-Kommentar, 2012, S. 1736, Tabelle 2.
[112] Vgl. *Bieg/Krämer/Waschbusch*: Bankenaufsicht in Theorie und Praxis, 2009, S. 292.
[113] Artikel 117 (Tabelle 6) VO-Entwurf.
[114] Artikel 117 Absatz 2 VO-Entwurf.

Blick nicht nachvollziehbar, warum bei gleicher Bonität, die im Grunde die Ausfallwahrscheinlichkeit wiedergibt, unterschiedliche Risikogewichte vorgesehen sind. Fraglich ist es dennoch, weswegen insbesondere Kredite an Unternehmen bei gleicher Ausfallwahrscheinlichkeit, höhere Risikogewichte erhalten, als Kredite an Zentralstaaten.

Womöglich berücksichtigen diese Zuordnungstabellen aber auch die spezifischen Verlustquoten der jeweiligen Forderungsklasse im Falle eines Forderungsausfalls, so dass deswegen unterschiedliche Risikogewichte gerechtfertigt sind, um ausreichend Haftungskapital zu hinterlegen.

Als zusätzliches Beispiel für die Folgen der Bestimmung der Forderungsklasse sieht die Zuordnungstabelle bei Forderungen an Kreditinstituten wie folgt aus:

Artikel 115: Forderungen an Instituten						
Rating-Klasse	1	2	3	4	5	6
Risikogewicht	20%	50%	50%	100%	100%	150%

Tabelle 7: Rating-Klasse (Institut) / Risikogewicht

Dass die Rating-Klasse 5 im Vergleich zu Forderungen an Unternehmen niedriger ist, wird damit gerechtfertigt, dass die Schuldner den strengen Eigenkapitalanforderungen der aktuellen SolvV bzw. des kommenden VO-Entwurfs unterliegen.[115]

Kritisch ist hierbei anzumerken, dass obwohl Versicherungsgesellschaften ebenfalls strengen Eigenkapitalanforderungen unterliegen (nach Solvency), diese nicht zu der Forderungsklasse „Instituten" zählen, sondern der Residualforderungsklasse „Unternehmen" zugewiesen werden.

Grundsätzlich könnte diese Zuweisung bei der Beeinflussung der Eigenkapitalanforderung durch Garantien und Kreditderivate bedeutend sein, und zwar dann wenn der Sicherungsgeber sich genau in dieser Rating-Klasse 5 befände. Doch aufgrund der im *Unterabschnitt 3.5.3.1* aufgeführten Mindestanforderungen an den Gewährleistungsgeber käme ein Sicherungsgeber mit solch einem Rating sowieso nicht in Frage, um eine Reduzierung der Eigenkapitalanforderung auszuüben.

---

[115] Vgl. *Boos/Fischer/Schulte-Mattler*: KWG-Kommentar, 2012, S. 1718, Tz. 17.

3.3.5 Zusammenfassung der Berechnungssystematik

Institute, die sich für den Kreditrisiko-Standardansatz (KSA) entschieden haben, ermitteln die Höhe der „risikogewichteten Forderungsbeträge" bzw. der „risikogewichteten Kreditrisikopositionen" der Forderungsklassen „Unternehmen" und „Retail" anhand der folgenden Systematik, welche in der *Abbildung 22* auf Seite 40 noch einmal grafisch zusammengefasst ist.[116]

1) Im ersten Schritt muss das Kreditinstitut jeder Adressenausfallrisikoposition eine KSA-Forderungsklasse zuordnen.
   →hier: „Forderungen an Unternehmen" oder „Retailforderungen"
2) Entsprechend der KSA-Forderungsklasse und der externen Bonitätsbeurteilung (in Abhängigkeit der PD) muss das Kreditinstitut nun das KSA-Risikogewicht (RW_{KSA}) bestimmen.
   →hier: Entweder 75% bei „Retailforderungen" oder bei „Forderungen an Unternehmen" nach der unteren Tabelle:

	Artikel 117: Forderungen an Unternehmen					
Rating-Klasse (PD in%)[117]	1 (0 - 0,22)	2 (0,23 - 0,57)	3 (0,58 – 1,56)	4 (1,57 – 5,4)	5 (5,41 – 13,94)	6 (ab 13,95)
Risikogewicht	20%	50%	100%	100%	150%	150%

Abbildung 21: Rating-Klasse (PD) / Risikogewicht

3) Weiterhin muss das Institut für jede Kreditrisikoposition die KSA-Bemessungsgrundlage ermitteln.
   →hier: Forderungsbuchwert
4) Zusätzlich muss es den KSA-Konversionsfaktor bestimmen.
   →hier: 100%, weil bilanzielle Adressenausfallrisikoposition
5) Anschließend berechnet das Institut den „Forderungswert" (E) bzw. den „Positionswert", der das Produkt aus der Bemessungsgrundlage und dem Konversionsfaktor ist.
   →hier: Forderungsbuchwert (Forderungsbuchwert * 100%)
6) Dann berechnet es die „risikogewichteten Forderungsbeträge" bzw. „risikogewichtete KSA-Positionswerte", oder auch die **„Kreditrisiken"** im Sinne dieser Untersuchung.
   →hier: Forderungsbuchwert * Risikogewicht in% (20:50:75:100:150)

---

[116] In Anlehnung an *Dürselen*: Bankenaufsicht V, S. 11.
[117] Ein-Jahres-Ausfallwahrscheinlichkeit deutscher Unternehmen nach Bonitätsklassen der creditreform im Betrachtungszeitraum von Januar 2011 bis Dezember 2011

7) Durch die Multiplikation der Kreditrisiken mit dem Solvabilitätskoeffizienten von aktuell 8%, erhält das Institut die Eigenkapitalanforderungen.
→hier: Forderungsbuchwert * Risikogewicht * 0,08

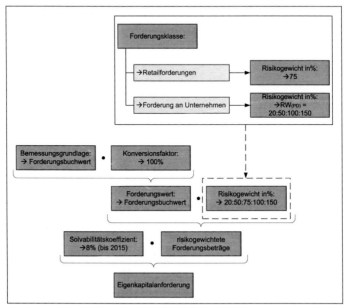

Abbildung 22: KSA-Berechnungsschema für Forderungsklasse "Unternehmen" und "Retail"[118]

Diese Zusammenfassung der Berechnungssystematik soll das Handwerkszeug für die in Kapitel 4 aufgeführte Analyse sein.

3.4 Interner-Ratingansatz (IRBA)

Im Gegensatz zum KSA werden die Bonitätsgewichtungen beim „auf internen Ratings basierender Ansatz" (abgekürzt „IRBA" oder „IRB-Ansatz") anhand schuldnerbezogener Risikoparameter vom Institut selbst bestimmt.

Hinzu kommt, dass – anders als beim KSA – zwischen zwei Ansätzen unterschieden wird: zum einen den einfacheren „Basis-IRB-Ansatz" und zum anderen den – komplexesten aller Verfahrensätze zur Ermittlung der Kreditrisiken – „fortgeschrittenen IRB-Ansatz" (siehe *Abbildung 17* auf Seite 30).

---

[118] Eigene Darstellung in Anlehnung an *Dürselen*: Bankenaufsicht V, 2011, S. 11.

In der Basisvariante muss die Bank lediglich die „Ausfallwahrscheinlichkeit" (PD) selbst ermitteln, die zusammen mit den anderen aufsichtlich vorgegebenen Risikoparametern in einer Risikogewichtsfunktion berücksichtigt wird.

In der fortgeschrittenen Variante muss das Kreditinstitut sogar die „Verlustquote bei Ausfall" (LGD) und die „Restlaufzeit" (M) selbst schätzen, deren Bestimmung im Folgenden differenziert nach institutionseigener Ermittlung und aufsichtlicher Vorgabe erläutert wird.

Da die Banken im IRBA zumindest die „Ausfallwahrscheinlichkeit" (PD) selbst schätzen können, ist dieser Ansatz zur Ermittlung der Kreditrisiken mit der Zustimmung durch die BaFin verbunden.[119]

3.4.1 Rechtliche Grundstruktur der Ermittlung der Kreditrisiken nach IRBA

Die Bestimmungen zum „auf internen Ratings basierender Ansatz („IRB-Ansatz" oder „IRBA") sind hauptsächlich im Kapitel 3 des Titels II „Eigenkapitalanforderungen für Kreditrisiken" enthalten und umfassen die Artikel 137 bis 187. Wie in der unteren Abbildung dargestellt, besteht Kapital 3 aus fünf Abschnitten.

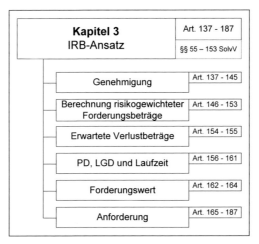

Abbildung 23: Überblick: Grundstruktur der Kreditrisikoermittlung nach IRB-Ansatz

---

[119] Vgl. *Hartmann-Wendels/Pfingsten/Weber*: Bankbetriebslehre, 2010, S. 603.

In den folgenden Unterabschnitten wird zunächst ein Überblick über die generelle Systematik zur Berechnung der gewichteten Kreditrisikopositionen im Sinne der *Formel 5* nach dem IRBA gegeben.

$$Eigenkapitalanforderung = risikogewichtete\ Positionswerte_{IRBA} * 0{,}08$$

Formel 5: Eigenkapitalanforderungen: IRB-Ansatz

Augenscheinlich gibt es keinen Unterschied zwischen der Berechnung der Eigenkapitalanforderungen nach KSA und nach IRBA (vergleiche *Formel 5* mit *Formel 3* auf Seite 32). In beiden Ansätzen werden die „risikogewichteten Forderungsbeträge bzw. die „risikogewichteten Positionswerte" mit dem aktuellen Solvabilitätskoeffizienten von 0,08 multipliziert und auch bei dem IRBA bestimmt sich die Eigenkapitalanforderung ausschließlich aus den risikogewichteten Positionswerten, deren – im Vergleich zum KSA – komplexere Ermittlung im Folgenden erläutert wird.

3.4.2 Allgemeine Grundsätze

Die Grundsystematik des IRB-Ansatzes ist der des KSA identisch. So heißt es in Artikel 148 Absatz 1 des Abschnitts „Berechnung risikogewichteter Forderungsbeträge", dass „die risikogewichteten Forderungsbeträge für Forderungen an Unternehmen, [...] gemäß der nachstehenden Formeln berechnet" werden.

Abbildung 24: IRBA-Berechnungsschema

In detaillierter Form, auf die anschließend – differenziert nach Basis-IRBA und fortgeschrittenen IRBA – eingegangen wird, sieht das Berechnungsschema zur Ermittlung der Kreditirisiken wie folgt aus und unterscheidet sich hinsichtlich des Risikogewichts merklich zum KSA:

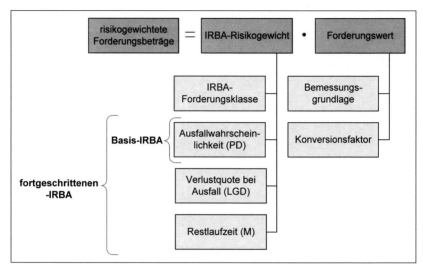

Abbildung 25: Ermittlung der Kreditrisiken: IRBA

Während beim KSA die Kreditrisiken unter Verwendung externer Ratings ermittelt werden, dürften die Institute, die den IRB-Ansatz anwenden, hierzu auf interne Ratings zurückgreifen.[120]

Interne Ratings sind von einem Kreditinstitut selbst vorgenommene und auf seinen eigenen Ratingsystemen basierende Einschätzungen bestimmter Parameter, die Auskunft über die Höhe des Kreditrisikos einer Position geben sollen.[121]

Zur Ermittlung der Kreditrisiken müssen die Institute im IRBA die Parameter „Ausfallwahrscheinlichkeit" (PD), „Verlustquote bei Ausfall" (LGD) und „Restlaufzeit" (M) für jede Risikoposition verwenden. Diese Risikoparameter, die entweder vom Institut selbst ermittelt oder beim Basis-IRBA für die „Verlustquote" und der „Restlaufzeit" vorgegeben werden, gehen in aufsichtlich vorgeschriebenen Risikogewichtsfunktionen ein, mit deren Hilfe das auf die jeweilige Position anzuwendende Risikogewicht ermittelt wird.[122] Diese vorgeschriebenen

---

[120] Vgl. *Bieg/Krämer/Waschbusch*: Bankenaufsicht in Theorie und Praxis, 2009, S. 432.
[121] Vgl. *ebenda*.
[122] Vgl. *Bieg/Krämer/Waschbusch*: Bankenaufsicht in Theorie und Praxis, 2009, S. 432.

Risikogewichtsfunktionen lassen sich mit dem Konzept des Value-at-Risk (VaR) im Einklang bringen,[123] welches bei der Vorstellung der Risikogewichtsfunktion erläutert wird.

Im Gegensatz zum KSA, bei dem externe Bonitätsbeurteilungen lediglich bis zu sechs verschiedenen Risikogewichten zugeordnet werden können, ergibt sich bei Anwendung des IRBA *unendlich* möglicher Risikogewichte. Dadurch sind die IRB-Ansätze viel exakter bei der Ermittlung der Kreditrisiken als der KSA.[124]

3.4.3 Forderungswert (EAD)

Wie bei der Ermittlung der Kreditrisiken nach KSA setzt sich der Forderungswert beim IRBA aus der Bemessungsgrundlage (BMG) und dem Konversionsfaktor zusammen (siehe Formel 6).

$$Forderungswert\ (EAD) = BMG * Konversionsfaktor_{IRBA}$$

Formel 6: Forderungswert: IRBA

Abgesehen von Einzel- und Pauschwertberichtungen, welche im Rahmen der Untersuchung vernachlässigt werden, unterscheidet sich der Forderungswert beim IRBA nur unwesentlich zu dem des KSA. Lediglich geringfügige Unterschiede hinsichtlich des Konversionsfaktors können zu unbedeutenden Abweichungen führen.

Ferner gibt es bei den in diesem Buch untersuchten (bilanziellen) Forderungen ohnehin keine Abweichungen. Denn auch beim IRBA entspricht der Forderungswert dem Forderungsbuchwert.[125]

Auf einen kleinen, formellen Unterschied zwischen dem Forderungswert nach KSA und dem nach IRBA soll auch in dieser Studie geachtet werden. So wird in der Literatur, trotz unwesentlicher Unterschiede, der Forderungswert nach KSA – wie bereits erwähnt – mit „E" (engl.: *exposure*) abgekürzt, wohingegen der Forderungswert nach IRBA i.d.R. mit „EAD" (engl.: *exposure at default*) abgekürzt wird.

---

[123] Vgl. *Eilenberger*: Bankbetriebswirtschaftslehre, 2012, S. 98.
[124] Vgl. *Bieg/Krämer/Waschbusch*: Bankenaufsicht in Theorie und Praxis, 2009, S. 432.
[125] Vgl. Artikel 162 Absatz 1 VO-Entwurf.

3.4.4 IRBA-Risikogewicht (RW$_{IRBA}$)

Im Gegensatz zum KSA, bei dem die externe Bonitätsbeurteilung in Abhängigkeit der Forderungsklasse einem Risikogewicht zugeordnet wird, müssen beim IRBA zunächst die folgenden Parameter bestimmt werden:

- die Ausfallwahrscheinlichkeit (probability of default, PD),
- die erwartete Verlustquote bei Ausfall der Position (loss given, LGD) sowie
- die Restlaufzeit (maturity, M)[126]

und dann anschließend in die für die jeweilige Forderungsklasse vorgebende Risikogewichtsfunktion einbezogen werden.

Ferner kann bei der Forderungsklasse „Unternehmen" sogar die Unternehmensgröße des Schuldners (gemessen am Jahresumsatz „S") einen Einfluss auf das Risikogewicht nehmen.

3.4.4.1 Forderungsklasse

Die Forderungsklassen sind mit nur sieben Klassen wesentlich überschaubarer als die KSA-Forderungsklassen. Für die Forderungen an Unternehmen sind aber ebenfalls die Klassen „Unternehmen" (die weiterhin als Residualklasse fungiert[127]) und „Retailforderungen" im IRBA vorgesehen.[128]

Die Kriterien für die Zuordnung von Forderungen in die Forderungsklasse „Retail" entsprechen denen des KSAs. Allerdings wird im IRBA die einheitliche Behandlung dieser Forderungen im Risikomanagement hervorgehoben.[129]

---

[126] Vgl. *Bieg/Krämer/Waschbusch*: Bankenaufsicht in Theorie und Praxis, 2009, S. 438.
[127] Vgl. Artikel 142 Absatz 7 VO-Entwurf.
[128] Vgl. Artikel 142 Absatz 2 Buchstaben c, d VO-Entwurf.
[129] Vgl. Artikel 142 Absatz 5 Buchstabe b VO-Entwurf.

3.4.4.1.1 Risikogewichtsfunktion

Für alle Forderungsklassen und für beide Varianten des IRB-Ansatzes weist die Formel für die Bestimmung des Risikogewichts eine identische Grundstruktur auf, Unterschiede ergeben sich hinsichtlich einzelner Parameter.[130] Aus diesem Grund wird die Erklärung der Risikogewichtsfunktion exemplarisch anhand der Forderungsklasse „Unternehmen" vorgenommen, die wie folgt aussieht:

$$RW = \left(LGD * N\left(\frac{1}{\sqrt{1-R}} * G_{(PD)} + \sqrt{\frac{R}{1-R}} * G_{(0,999)} \right) - LGD * PD \right) * \frac{1 + (M - 2,5) * b}{1 - 1,5 * b} * 12,5 * 1,06$$

Formel 7: IRBA-Risikogewichtsfunktion: „Forderung an Unternehmen"[131]

Diese – recht komplexe – Risikogewichtsfunktion (*Formel 7*) gilt sowohl beim Basis-IRBA als auch beim dem fortgeschrittenen IRBA zur Ermittlung des Risikogewichts.

Der grundlegende Unterschied dieser beiden Ansätze liegt darin, dass die Institute beim Basis-IRBA lediglich die Ausfallwahrscheinlichkeit (PD) des Schuldners selbst bestimmen müssen. Die „Verlustquote" (LGD) und die „Restlaufzeit" (M) werden aufsichtsrechtlich für die jeweilige Forderungsklasse im Basis-IRBA vorgegeben.

3.4.4.1.2 VaR-Konzept

Die Formel basiert, wie bereits erwähnt, auf dem Konzept des Value-at-Risk (VaR).

Definition Value-at-Risk (VaR): Unter dem VaR versteht man ein Quantil der Verlustverteilung. Die aufsichtlich vorgegebene Risikogewichtsfunktion sieht ein Quantil bzw. Konfidenzniveau von 99,9% vor. Dieser VaR entspricht demjenigen Verlustbetrag, der mit einer 99,9-prozentigen Wahrscheinlichkeit nicht überschritten wird.[132] Oder anders ausgedrückt, dass mit einer Wahrscheinlichkeit von 0,01% die Value-at-Risk-Kennzahl nicht zur Deckung der Kreditverluste ausreicht.[133]

Anhand eines Beispiels veranschaulichen die unteren beiden Diagramme die Definition und die Ermittlung des VaR: Die *Abbildung 26* auf Seite 47 zeigt eine exemplarische, symmetrische Dichtefunktion, bei der die x-Achse für die möglichen Verlustbeträge aus dem Kreditgeschäft steht und die y-Achse für die Schadenswahrscheinlichkeit. Durch die Symmetrie ist nun

---

[130] Vgl. *Hartmann-Wendels/Pfingsten/Weber:* Bankbetriebslehre, 2010, S. 619.
[131] Artikel 148 Absatz 1 VO-Entwurf.
[132] Vgl. *Boos/Fischer/Schulte-Mattler*: KWG-Kommentar, 2012, S. 1869, Tz. 3.
[133] Vgl. *Hartmann-Wendels/Pfingsten/Weber:* Bankbetriebslehre, 2010, S. 500.

erkennbar, dass die Bank mit einem Verlust von ungefähr 10.000 € rechnen muss (EL = *erwarteter* Verlust). Das in der Abbildung rot geschriebene UL steht für den *unerwarteten* Verlust eines Konfidenzniveaus von 99,9%.

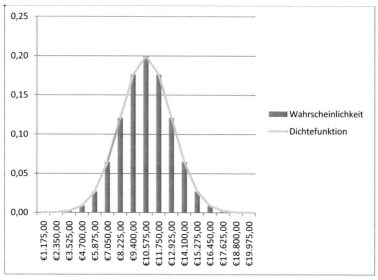

Abbildung 26: Exemplarische Dichtefunktion[134]

Die VaR-Kennzahl ermittelt sich nun anhand der hierzu korrespondierenden Verteilungsfunktion, die in der unteren Abbildung aufgeführt ist. Diese Verteilungsfunktion zeigt die kumulierten Wahrscheinlichkeiten der obigen Dichtefunktion.

---

[134] Eigene Darstellung in Anlehnung an *Boos/Fischer/Schulte-Mattler*: KWG-Kommentar, 2012, S. 1963, Tz. 7.

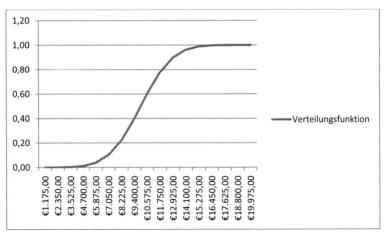

Abbildung 27: Exemplarische Verteilungsfunktion

Bei einer ablesbaren Verlusthöhe von 15.275 € erreicht die Verteilungsfunktion – angenommen – genau das Quantil bzw. Konfidenzniveau von 99,9%, so dass eben die VaR-Kennzahl diesen Wert von 15.275 € einnimmt. Das bedeutet aber auch, dass mit einer Restwahrscheinlichkeit von 0,1% der Verlust aus dem Kreditgeschäft sogar größer als 15.275 € sein könnte.

Wie aus der *Abbildung 26* auf Seite 47 zu erkennen ist, setzt sich der Value-at-Risk aus dem *erwarteten* Verlust (EL) und dem *unerwarteten* Verlust (UL) zusammen. Hierbei ist zu beachten, dass allerdings nur der *unerwartete* Verlust (UL) für die Mindesteigenkapitalanforderungen maßgeblich ist. Schließlich bilden die Kreditinstitute für den *erwarteten* Verlust bereits Rückstellungen und führen Wertberichtungen durch. Aus diesem Grund wird die Value-at-Risk-Kennzahl auch um den *erwarteten* Verlust (EL) korrigiert, der sich wie folgt bestimmt:

$$EL = PD * LGD * EAD$$

Formel 8: Erwarteter Verlust (EL)[135]

Allerdings sei hier darauf hingewiesen, dass die Institute auch für *erwartete* Verluste an aufsichtlichen Vorgaben gebunden sind. Im Rahmen eines Wertberichtigungsvergleichs müssen die gebildeten Abschreibungen, Wertberichtungen und Rückstellungen mindestens die *erwarteten* Verluste decken können, um auch für diese kalkulierbaren Verluste ausreichend Kapital zu verfügen.[136]

---

[135] Vgl. *Boos/Fischer/Schulte-Mattler*: KWG-Kommenar, 2012, S. 1962, Tz. 5.
[136] Vgl. *ebenda*, S. 1914, Tz. 1-2.

Die in der *Formel 8* angegebene Multiplikation der Verlustquote in% (LGD) mit dem Forderungswert (EAD) entspricht dabei dem beim Ausfall des Kreditgeschäfts resultierenden Verlust in Geldeinheiten. Durch die weitere Multiplikation mit der Ausfallwahrscheinlichkeit (PD) erhält man den Erwartungswert für den Verlust aus dem Forderungsausfall.[137]

Die Bedeutung und die Bestimmung der jeweiligen Parameter (PD; LGD; EAD) ist auch für die Berechnung der *unerwarteten* Verluste und somit für die Eigenkapitalanforderungen entscheidend, so dass sich die folgenden Unterabschnitte hiermit noch intensiver auseinander setzen werden.

Da für das Konzept des VaR im Grunde nur die Höhe des *unerwarteten* Verlusts aufschlussreich ist, gibt es auch die Definitionen des VaR, die im Vorfeld den *erwarteten* Verlust ausklammern. Hier wird der VaR als Differenz zwischen dem erwarteten Kreditrückfluss und demjenigen Rückfluss, der mit einer bestimmten Wahrscheinlichkeit dem Konfidenzniveau, innerhalb eines Zeitraums nicht unterschritten wird;[138] also, dass mit einer vorgegebenen Wahrscheinlichkeit das Kapital nicht zur Deckung *unerwarteter* Kreditverluste ausreicht,[139] für welches die Kreditinstitute Eigenmittel unterlegen müssen. Diese VaR-Kennzahl wird meist als ökonomisches Kapital bezeichnet.[140]

---

[137] Vgl. *ebenda*, S. 1962, Tz. 5.
[138] Vgl. *Hartmann-Wendels/Pfingsten/Weber:* Bankbetriebslehre, 2010, S. 500.
[139] Vgl. *ebenda*.
[140] Vgl. *Boos/Fischer/Schulte-Mattler*: KWG-Kommenar, 2012, S. 1869, Tz. 3.

3.3.4 KSA-Risikogewicht (RW_{KSA})

Der KSA basiert auf festen Risikogewichten von externen Ratingagenturen,[94] in Abhängigkeit der Forderungsklasse, der die Forderung zugeordnet wird. So heißt es in Artikel 108 Absatz 1 Satz 2 des VO-Entwurfs: Das „Risikogewicht richtet sich nach der Forderungsklasse, der die Forderung zugeordnet wird, und, [...], nach deren Bonität." Deswegen setzt sich dieser Unterabschnitt nun intensiv mit den beiden Faktoren „KSA-Forderungsklasse und „Bonitätsbeurteilung" auseinander, um das KSA-Risikogewicht (abgekürzt RW_{KSA}) bestimmen zu können.

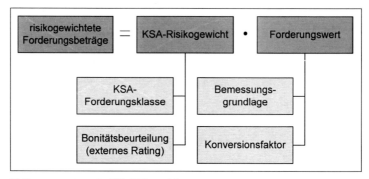

Abbildung 20: Zusammensetzung des KSA-Risikogewichts

3.3.4.1 Forderungsklasse

Der KSA sieht insgesamt 16 verschiedene Forderungsklassen vor,[95] wie z.B. Zentralstaaten, öffentliche Stellen, Kreditinstitute und Unternehmen.

Da sich diese Untersuchung mit den Kreditrisiken von Forderungen an Unternehmen auseinandersetzt, wird die Forderungsklasse „Unternehmen" augenscheinlich maßgeblich sein.[96]

Die SolvV fasst unter der Forderungsklasse „Unternehmen" Ansprüche gegenüber Unternehmen oder anderen natürlichen oder juristischen Personen zusammen, sofern diese Forderungen nicht in anderen Forderungsklassen zugeordnet werden.[97]

Eine Studie der Deutschen Bundesbank ergab, dass diese Forderungsklasse gemessen an der Kapitalanforderung die wichtigste Klasse bei großen Instituten darstellt.[98]

---

[94] Vgl. *Follmann*: Basel II und Solvency II, S. 24.
[95] Vgl. Artikel 107 VO-Entwurf.
[96] Vgl. Artikel 107 Buchstabe g i.V.m. Artikel 117 VO-Entwurf.
[97] Vgl. § 25 Absatz 9 SolvV: Zuordnung von KSA-Positionen zu KSA-Forderungsklassen.

G$_{(0,999)}$ steht für die inverse kumulative Verteilungsfunktion des vorgegebenen Konfidenzniveaus von 99,9%.[143]

Der auf dem Value-at-Risk basierende Term wird dabei durch die prognostizierten Ausfallwahrscheinlichkeit und einem Korrelationskoeffizienten, dem ökonomischen Faktor (R), beeinflusst, der wiederum von der prognostizierten Ausfallwahrscheinlichkeit abhängig ist.

$$R_{(PD)} = 0{,}12 * \frac{1 - e^{-50*PD}}{1 - e^{-50}} + 0{,}24 * \left(1 - \frac{1 - e^{-50*PD}}{1 - e^{-50}}\right) - 0{,}04 * \left(1 - \frac{S - 5}{45}\right)$$

Formel 10: Ökonomischer Faktor (R)

Dieser ökonomische Faktor (R) soll die Abhängigkeit der Vermögenslage eines Schuldners von der allgemeinen wirtschaftlichen Entwicklung wiederspiegeln. Dabei wird davon ausgegangen,[144] „dass die Abhängigkeit von der allgemeinen wirtschaftlichen Entwicklung mit der Höhe der prognostizierten Ausfallwahrscheinlichkeit abnimmt."[145] Es wird also unterstellt, dass das Risiko eines Schuldners mit geringer Bonität in geringerem Ausmaß von der allgemeinen wirtschaftlichen Entwicklung abhängig ist.[146]

Innerhalb der Forderungsklasse „Unternehmen" können die Institute für Kredite an kleine oder mittlere Unternehmen (KMU) – gemessen am jährlichen Umsatz – sogar einen größenabhängigen Korrelationsabschlag anwenden[147] (siehe untere Formel).

$$S_{KMU} = 0{,}04 * \left(1 - \frac{S - 5}{45}\right)$$

Formel 11: Korrelationsabschlag (S$_{KMU}$)

„In dieser Formel wird S als Gesamtjahresumsatz in Millionen Euro angegeben, wobei gilt: 5 Mio. EUR ≤ S ≤ 50 Mio. EUR. Gemeldete Umsätze von unter 5 Mio. EUR werden wie Umsätze von 5 Mio. EUR behandelt."[148] Für Kredite an Unternehmen mit einem Gesamtjahresumsatz von über 50 Mio. EUR ist dieser Korrelationsabschlag nicht vorgesehen.[149]

---

[143] Vgl. Artikel 148 Absatz 1 VO-Entwurf.
[144] Vgl. *Boos/Fischer/Schulte-Mattler*: KWG-Kommenar, 2012, S. 1877, Tz. 2.
[145] Vgl. *ebenda*.
[146] Vgl. *ebenda*.
[147] Vgl. *ebenda*, S. 1879-1880, Tz. 1-4.
[148] Artikel 148 Absatz 4 VO-Entwurf.
[149] Vgl. Artikel 148 Absatz 4 VO-Entwurf.

Von dieser bedingten Ausfallwahrscheinlichkeit (gemäß der *Formel 9* auf Seite 50) wird nun die prognostizierte Ausfallwahrscheinlichkeit (PD) abgezogen, also die Differenz aus dem VaR und dem *erwarteten* Verlust (EL) pro Einheit EAD und pro Einheit LGD (siehe *Abbildung 28* auf Seite 50). Wird diese Differenz nun mit LGD multipliziert, erhält man das ökonomische Kapital pro Einheit EAD, welches zur Deckung der *unerwarteten* Verluste hinterlegt werden muss.

$$(VaR_{(EAD)} - EL_{(EAD)}) = LGD * N\left(\frac{1}{\sqrt{1-R}} * G_{(PD)} + \sqrt{\frac{R}{1-R}} * G_{(0,999)}\right) - LGD * PD$$

Formel 12: ökonomisches Kapital (VaR – EL) pro EAD

Diese Formel berücksichtigt aber nur die ersten beiden Komponenten der *Abbildung 28* auf Seite 50. „Bei dem dritten Faktor handelt es sich um den Restlaufzeitkorrekturfaktor, durch den die Auswirkungen der Laufzeit des Kredits auf das Risikogewicht erfasst werden sollen."[150]

Der Restlaufzeitkorrekturfaktor (RKF) setzt sich dabei aus zwei Variablen zusammen,

- zum einen aus einem ausfallwahrscheinlichkeitsabhängigen Restlaufzeitkorrekturkoeffizienten,[151] auch Laufzeitanpassungsfaktor (b) genannt,

$$b_{(PD)} = (0{,}11852 - 0{,}05478 * \ln(PD))^2$$

Formel 13: Laufzeitanpassungsfaktor (b)[152]

- und zum anderen aus der maßgeblichen Restlaufzeit (M).

Der Laufzeitanpassungsfaktor (b) ist umso geringer, je höher die prognostizierte Ausfallwahrscheinlichkeit ist.[153] „Dem liegt die Vermutung zugrunde, dass Forderungen mit einer hohen Bonität ein größeres „Potential" haben, sich während der Laufzeit zu verschlechtern."[154]

Diese beiden Variablen (b; M) werden gemäß der unteren Formel berücksichtigt, um den Restlaufzeitkorrekturfaktor (RKF) zu erhalten, mit dem die *Formel 12* auf Seite 52 erweitert wird.

$$RKF = \frac{1 + (M - 2{,}5) * b}{1 - 1{,}5 * b}$$

Formel 14: Restlaufzeitkorrekturfaktor (RKF)

---

[150] Vgl. *Boos/Fischer/Schulte-Mattler*: KWG-Kommentar, 2012, S. 1869, Tz. 4.
[151] Vgl. *ebenda*, S. 1887, Tz. 2.
[152] Vgl. Artikel 148 Absatz 1 VO-Entwurf
[153] Vgl. *Boos/Fischer/Schulte-Mattler*: KWG-Kommentar, 2012, S. 1887, Tz. 2.
[154] Vgl. *ebenda*.

Da bei den „Retailforderungen" Laufzeiteffekte implizit über die Korrelation mit dem ökonomischen Faktor erfasst werden, muss bei diesen Forderungen der Restlaufzeitkorrekturfaktor nicht berücksichtigt werden.[155]

Aus diesem Grund verkürzt sich Risikogewichtsfunktion für die Forderungsklasse „Retail" und sieht wie folgt aus:

$$RW = \left(LGD * N\left(\frac{1}{\sqrt{1-R}} * G_{(PD)} + \sqrt{\frac{R}{1-R}} * G_{(0,999)}\right) - LGD * PD \right) * 12{,}5 * 1{,}06$$

Formel 15: IRBA-Risikogewichtsfunktion: „Retailforderungen"

Neben einer um den RKF-Faktor gekürzten Risikogewichtsfunktion bei den „Retailforderungen" gibt es eine weitere Besonderheit dieser Forderungsklasse im Vergleich zu der Forderungsklasse „Unternehmen". Für das Retail-Portfolio müssen die Kreditinstitute nicht nur die „Ausfallwahrscheinlichkeit" (PD) selbst bestimmen, sondern auch die „Verlustquote" (LGD). Hier entfällt somit die Wahl für das Institut zwischen dem Basis-Ansatz und dem fortgeschrittenen,[156] weswegen die Literatur bei „Retailforderungen" auch von einem „einheitlichen internen Rating-Ansatz"[157] ausgeht.

Ferner gibt es bei den „Retailforderungen" kleinere Anpassungen beim dem ökonomischen Faktor (R), die aus der auf Seite 55 vorgestellten *Tabelle 8* zu entnehmen sind.

Die letzte der vier Komponenten gemäß der *Abbildung 28* auf Seite 50 ist der aufsichtliche Skalierungsfaktor, der zurzeit 1,06 beträgt.[158] Dieser wurde vom Baseler Ausschuss für Bankenaufsicht nach Auswertung von zwei Auswirkungsstudien festgelegt. Der Ausschuss behält sich allerdings vor, diesen Faktor auch ändern zu können.[159] In dem aktuellen VO-Entwurf zu Basel III sind allerdings keine Änderungen vorgesehen.

Dass der zuletzt in den beiden Risikogewichtsfunktionen verbliebende Faktor von 12,5 (gemäß *Formel 7* auf Seite 46 oder *Formel 15* auf Seite 53) nicht als Komponente dieser RW-Funktionen aufgeführt wird, liegt daran, dass dieser lediglich den Solvabiltätskoeffizienten von 0,08 eliminieren soll (siehe Formel 5 auf Seite 42).

---

[155] Vgl. *ebenda*, S. 1869, Tz. 4.
[156] Vgl. *ebenda*, S. 1793, Tz. 2.
[157] Vgl. Abbildung I5.3 aus *Hartmann-Wendels/Pfingsten/Weber*: Bankbetriebslehre, 2010, S. 616.
[158] Vgl. *Hartmann-Wendels/Pfingsten/Weber*: Bankbetriebslehre, 2010, S. 615.
[159] Vgl. *Boos/Fischer/Schulte-Mattler*: KWG-Kommentar, 2012, S. 1869, Tz. 5.

Schließlich beruht der Solvabilitätskoeffizient „weder auf theoretischen Überlegungen noch auf empirisch gestützten Schätzungen, sondern ist eher ein willkürlich gewählter Wert, der auf historisch gewachsen Kapitalstrukturen bei Banken aufbaut."[160] Wie bereits erläutert, wird beim IRBA dem Erfordernis, für *unerwartete* Verluste Eigenmittel vorzuhalten, dadurch Rechnung getragen, „dass das Risikogewicht als ein um die *erwarteten* Verluste verminderter Value-at-Risk interpretiert werden kann."[161] Aus diesem Grund wird der formale Solvabiltätskoeffizient von 0,08 in der Risikogewichtsfunktion im IRBA mit dem Kehrwert von 12,5 multipliziert,[162] um so den Faktor 1 zu erhalten.

3.4.4.1.4 Resümee

Die untere Abbildung veranschaulicht noch einmal, welche Ansätze bzw. Methoden die Institute in Abhängigkeit der Forderungsklasse wählen können bzw. müssen.

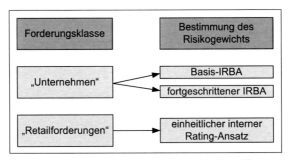

Abbildung 29: Forderungsklasse und Methoden zur Bestimmung der Risikogewichte[163]

Doch allen Risikogewichtsfunktionen, die sich aus der Forderungsklasse ergeben, ist gemein, dass sie hinsichtlich ihrer Grundstruktur identisch sind und dass sie auf dem Konzept des Value-at-Risk basieren.

---

[160] *Hartmann-Wendels/Pfingsten/Weber*: Bankbetriebslehre, 5. Auflage, S. 606.
[161] Vgl. *ebenda*.
[162] Vgl. *ebenda*.
[163] In Anlehnung an *Hartmann-Wendels/Pfingsten/Weber*: Bankbetriebslehre, 5. Auflage, S. 616.

Zusammenfassend sind in der unteren Tabelle 8 die Risikogewichtsfunktionen nach der Forderungsklasse aufgeführt, sowie die unterschiedlichen Methoden (Basis, fortgeschritten, einheitlich) des IRB-Ansatzes.

Forderungs-klasse	Risikogewichtsfunktion		IRB-Ansatz
Unternehmen	$RW = LGD * (VaR - EL) * RKF * 12{,}5 * 1{,}06$		Basis-IRBA ↓
	$(VaR - EL)$: Unerwarteter Verlust pro Einheit EAD und LGD	$= N\left(\dfrac{1}{\sqrt{1-R}} * G_{(PD)} + \sqrt{\dfrac{R}{1-R}} * G_{(0{,}999)}\right) - PD$	PD: selbst geschätzt LGD, M: vorgegeben
	R: Ökonomischer Faktor	$= 0{,}12 * \dfrac{1 - e^{-50*PD}}{1 - e^{-50}} + 0{,}24 * \left(1 - \dfrac{1 - e^{-50*PD}}{1 - e^{-50}}\right) - S_{KMU}$	
	S_{KMU}: Abschlag für KMU	$= 0{,}04 * \left(1 - \dfrac{S-5}{45}\right)$	Fort. IRBA ↓
	S	Jährlicher Umsatz in Mio. €, $5 \leq S \leq 50$	PD, LGD, M: selbst geschätzt
	RKF: Restlaufzeitkorrekturfaktor	$= \dfrac{1 + (M - 2{,}5) * b}{1 - 1{,}5 * b}$	
	b: Laufzeitanpassungsfaktor	$= (0{,}11852 - 0{,}05478 * \ln(PD))^2$	
Retail[164]	$RW = LGD * (VaR - EL) * 12{,}5 * 1{,}06$		einheitlicher IRBA ↓
	$(VaR - EL)$: Unerwarteter Verlust pro Einheit EAD und LGD	$= N\left(\dfrac{1}{\sqrt{1-R}} * G_{(PD)} + \sqrt{\dfrac{R}{1-R}} * G_{(0{,}999)}\right) - PD$	PD, LGD: selbst geschätzt
	R: Ökonomischer Faktor	$= 0{,}03 * \dfrac{1 - e^{-35*PD}}{1 - e^{-35}} + 0{,}16 * \left(1 - \dfrac{1 - e^{-35*PD}}{1 - e^{-35}}\right)$	

Tabelle 8: Formelübersicht nach Forderungsklasse[165]

---

[164] Spezielle Retailforderungen, wie die durch Immobilien besichert sind (Artikel 149 Absatz 3) oder die als revolvierend qualifiziert gelten (Artikel 149 Absatz 4), bleiben außer Betracht. Für diese speziellen Retailforderungen sieht der VO-Entwurf jeweils einen anderen ökonomischen Faktor (R) vor.
[165] Eigene Darstellung in Anlehnung an *Hartmann-Wendels/Pfingsten/Weber*: Bankbetriebslehre, 2010, S. 624

Trotz der aufgeführten, unüberschaubar wirkenden Risikogewichtsfunktionen bestimmt sich das Risikogewicht letztendlich durch:

- die IRBA-Forderungsklasse (+ ggf. Größe des Unternehmens „S" innerhalb der Forderungsklasse „Unternehmen),
- die Ausfallwahrscheinlichkeit (PD),
- die Verlustquote bei Ausfall (LGD) und
- die Restlaufzeit (M).

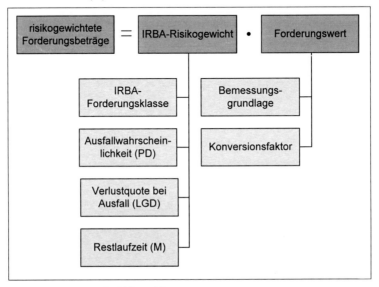

Abbildung 30: Ermittlung des IRBA-Risikogewichts

3.4.4.2 Ausfallwahrscheinlichkeit (PD)

Die prognostizierte Ausfallwahrscheinlichkeit ist der zentrale Eingabeparameter für die Ermittlung des IRBA-Risikogewichts.[166] Im Gegensatz zum KSA müssen die Kreditinstitute die Ausfallwahrscheinlichkeit auf Basis institutseigener Bonitätsbeurteilungen schätzen.[167]

Definition Ausfallwahrscheinlichkeit

Unter der prognostizierten Ausfallwahrscheinlichkeit für die Zwecke der Ermittlung des IRBA-Risikogewichts versteht man „die Wahrscheinlichkeit des Ausfalls einer Gegenpartei im Laufe eines Jahres"[168] (zukünftig zu erwartende Jahresausfallrate).

---

[166] Vgl. *Boos/Fischer/Schulte-Mattler*: KWG-Kommentar, 2012, S. 1874, Tz. 1.
[167] Vgl. *Bieg/Krämer/Waschbusch*: Bankenaufsicht in Theorie und Praxis, 2009, S. 452.

Als Ausfall gilt dabei, wenn
 a) das Institut es als unwahrscheinlich ansieht, „dass der Schuldner seinen Verbindlichkeiten gegenüber dem Institut, […], in voller Höhe nachkommen wird, ohne dass das Institut auf Maßnahmen wie die Verwertung von Sicherheiten zurückgreift.[169]
 b) „eine wesentliche Verbindlichkeit des Schuldners gegenüber dem Institut", mehr als 90 Tage überfällig ist.[170]

Teilt man nun die Anzahl der Ausfälle der Kunden innerhalb der Jahresfrist durch die Gesamtzahl der Kunden, erhält man die eingetretene Jahresausfallrate.[171]

Bei der Quantifizierung der Wahrscheinlichkeit von zukünftigen Jahresausfallraten (= Ausfallwahrscheinlichkeit) müssen die Institute jedoch besondere Anforderungen erfüllen.

Zunächst muss eine breite Datenbasis historischer Jahresausfallraten vorhanden sein.[172] Die Bankenaufsicht verlangt hierfür von den Kreditinstituten einen Beobachtungszeitraum der Kreditinstitute von mindestens 5 Jahren.[173]

Hieran anschließend lässt sich nun auf dieser Grundlage mit Hilfe empirisch-statistischen Verfahren bereits gegenwärtig eine Diagnose fällen, die eine Aussage trifft, wie die wahrscheinliche Jahresausfallrate in Zukunft aussehen wird.[174]

So ist in der Finanzwelt die Diskriminanzanalyse ein weit verbreitetes Verfahren zur Schätzung zukünftiger Ausfallwahrscheinlichkeiten. Bei diesem Verfahren stellt das Kreditinstitut eine Vielzahl von Ausprägungen seiner Schuldner gegenüber, um hieraus ableiten zu können, ob der Kreditnehmer zu den „guten" oder zu den „schlechten" Unternehmen zählt.[175] Insbesondere Informationen über die finanz- und erfolgswirtschaftliche Situation des (potentiellen) Kreditnehmers sind wichtige Informationen für die Bonitätsbeurteilung.[176]

Doch abgesehen von der internen Schätzung der PD, sieht die Bankenaufsicht für die Forderungsklassen „Unternehmen" und „Retail" eine prognostizierte Ausfallwahrscheinlichkeit von mindestens 0,03% vor.[177]

---

[168] Vgl. Artikel 4 (27) VO-Entwurf.
[169] Vgl. Artikel 174 Absatz 1 a) VO-Entwurf
[170] Vgl. Artikel 174 Absatz 1 b) VO-Entwurf.
[171] Vgl. *Boos/Fischer/Schulte-Mattler*: KWG-Kommentar, 2012, S. 1978, Tz. 3.
[172] Vgl. *ebenda*, S. 1979, Tz. 12.
[173] Vgl. Artikel 176 Absatz 1 Buchstaben a und h VO-Entwurf.
[174] Vgl. *Munsch/Weiß*: Externes Rating, 2002, S.70.
[175] Vgl. *ebenda*.
[176] Vgl. *ebenda*, S.61.
[177] Vgl. Artikel 156 Absatz 1 und Artikel 159 Absatz 1 VO-Entwurf.

Es bleibt festzuhalten, dass egal nach welcher Methode (Basis, fortgeschritten, einheitlich) die Bank den IRB-Ansatz ausübt, allen ist gemeinsam, dass die Ausfallwahrscheinlichkeit vom Institut selbst ermittelt werden muss und dass es hierfür keine aufsichtlich vorgegebenen Standardwerte geben kann.

3.4.4.3 Verlustquote (LGD)

Neben der prognostizierten Ausfallwahrscheinlichkeit (PD) ist die Verlustquote ein wichtiger Parameter zur Bestimmung des IRBA-Risikogewichts.[178]

Definition der Verlustquote bei Ausfall

Die „Verlustquote bei Ausfall" (LGD) gibt „die Höhe des Verlusts in Prozent der Forderung zum Zeitpunkt des Ausfalls der Gegenpartei"[179] an, also den Anteil der Forderung, der im Insolvenzfall verloren geht.

Dabei setzt sich Verlust bei Ausfall schematisch aus drei Komponenten zusammen: „(1) dem bei Ausfall ausstehenden Kreditbetrag (EAD) sowie (2) den nach Ausfall, bspw. im Rahmen einer Abwicklung, entstehenden Erlösen (die ggf. zu einem Buchwertverlust führen) und schließlich (3) den nach Ausfall entstehenden Kosten,"[180] wie z.B. Zins- und Abwicklungskosten.

Die untere Formel und die *Abbildung 31* auf Seite 59 veranschaulichen, dass die Verlustquote bei Ausfall (LGD) der zu erwartende tatsächliche Verlust (L) im Verhältnis zu dem Betrag, der zum Zeitpunkt des Ausfalls aussteht (EAD), ist.[181]

$$LGD = \frac{L}{EAD}$$

Formel 16: LGD

---

[178] Vgl. *Boos/Fischer/Schulte-Mattler*: KWG-Kommentar, 2012, S. 1881, Tz. 1.
[179] Vgl. Artikel 4 (29) VO-Entwurf.
[180] Vgl. *Boos/Fischer/Schulte-Mattler*: KWG-Kommentar, 2012, S. 1993, Tz. 3.
[181] Vgl. ebenda, S. 1994, Tz. 6.

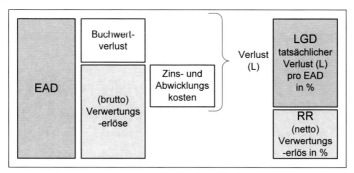

Abbildung 31: Schematische Darstellung der LGD-Ermittlung[182]

Statt der Verlustquote (LGD) wird häufig auch das Gegenstück „Recovery Rate" (RR) verwendet[183] (siehe *Abbildung 31*). Dabei handelt es sich um denjenigen Teil des bei Ausfall ausstehenden Betrages, den das Institut noch erhält. Für diese sogenannte Wiedereinbringungsquote gilt: RR = 1 − LGD.[184]

Auf Basis von bankinternen Aufzeichnungen können die Kreditinstitute die historischen Recovery Rates bestimmen[185] und dadurch die Verlustquote prognostizieren.

Sofern das Kreditinstitut nicht in der Lage ist die Verlustquote selbst zu schätzen, kann das Institut auch von der Bankenaufsicht vorgegebene Verlustquoten verwenden. So sieht Basel III für unbesicherte Forderungen, für die keine vertragliche oder gesetzliche Nachrangigkeit vorliegt, eine Verlustquote von 45% vor.[186] Oder anders ausgedrückt: im Fall des Schuldnerausfalls geht Basel III davon aus, dass die Bank 55% des Forderungswert zurückerhält. Bei nachrangigen Forderungen müsste das Kreditinstitut sogar mit einer Verlustquote von 75% rechnen.[187]

Auf dem ersten Blick erscheinen diese Verlustquoten ein wenig niedrig zu sein, wenn man bedenkt, dass im Falle der Insolvenz die Befriedigungsquote im Durchschnitt unter 5% bei Massegläubigern liegt.[188] Die Definition des Kreditausfalls relativiert hingegen die Meinung, dass die aufsichtlich vorgegebenen Verlustquoten zu niedrig sind. Hiernach läge bereits ein Kreditausfall vor, wenn ein wesentlicher Teil der Verbindlichkeit (Perspektive des Schuldners)

---

[182] Eigene Darstellung in Anlehnung an *Boos/Fischer/Schulte-Mattler*: KWG-Kommentar, S. 1994
[183] Vgl. *Boos/Fischer/Schulte-Mattler*: KWG-Kommentar, 2012, S. 1994, Tz. 8.
[184] Vgl. *Hartmann-Wendels/Pfingsten/Weber*: Bankbetriebslehre, 2010, S. 508.
[185] Vgl. *ebenda*.
[186] Vgl. Artikel 157 Absatz 1 Buchstabe a) VO-Entwurf.
[187] Vgl. Artikel 157 Absatz 1 Buchstabe b) VO-Entwurf.
[188] Vgl. *Kranzusch*: Die Quoten der Insolvenzgläubiger, 2009, S. 12.

mehr als 90 Tage überfällig ist[189] und dieser Sachverhalt muss nicht zwangsläufig ein Insolvenzgrund sein.

3.4.4.4 Restlaufzeit (M)

Ohne die Berücksichtigung des ökonomischen Faktors (R) ergeben die prognostizierte Ausfallwahrscheinlichkeit (PD) und die selbst geschätzte oder vorgegebene Verlustquote (LGD) die *unerwarteten* Verluste pro Einheit EAD gemäß *Formel 12* auf Seite 27.

Da sich die Ausfallwahrscheinlichkeit aber auf einen Zeitraum von einem Jahr bezieht, muss der VaR bei davon abweichenden Kreditrestlaufzeiten entsprechend angepasst werden.[190]

Die Anpassung erfolgt durch den Restlaufzeitkorrekturfaktor (RKF), der wie bereits im *Unterabschnitt 3.4.4.1.3* auf Seite 52 und 52 erwähnt, zum einen von der Ausfallwahrscheinlichkeit ($b_{(PD)}$) und einmal von der Restlaufzeit (M) abhängt.

$$RKF = \frac{1 + (M - 2{,}5) * b}{1 - 1{,}5 * b}$$

Bei der Forderungsklasse „Retail" unterbleibt jegliche Laufzeitanpassung.

Da die prognostizierte Ausfallwahrscheinlichkeit bereits behandelt wurde, wird nun auf die Bestimmung der Restlaufzeit (M) eingegangen, die entweder von der Bankenaufsicht vorgegeben wird (Basis-IRBA) oder selbst geschätzt werden muss (fortgeschrittener Ansatz).

Im Basis-IRBA wird bei der Forderungsklasse „Unternehmen" eine 2,5-jährige Restlaufzeit (M) unterstellt,[191] so dass der RKF lediglich von dem Laufzeitanpassungsfaktor (b) beeinflusst wird, der wiederum nur von der PD abhängig ist.

$$\rightarrow RKF_{Basis-IRBA} = \frac{1}{1 - 1{,}5 * b}$$

Formel 17: Restlaufzeitkorrekturfaktor (RKF): Basis-IRBA

---

[189] Vgl. *Hartmann-Wendels/Pfingsten/Weber*: Bankbetriebslehre; 5. Auflage, S. 509, 510.
[190] Vgl. *ebenda*, S. 607.
[191] Vgl. Artikel 158 Absatz 1 VO-Entwurf.

Im fortgeschrittenen IRBA richtet sich die Restlaufzeit nach der maximal verbleibenden Zeit, die dem Schuldner zur vollständigen Erfüllung sämtlicher Ansprüche eingeräumt worden ist.[192] Bei Forderungen mit einem vereinbarten Zins- und Tilgungsplan ergibt sich die Restlaufzeit (M) nach folgender Formel:

$$M = max\left\{1, min\left\{\frac{\sum_t t * CF_t}{\sum_t CF_t}, 5\right\}\right\}$$

Formel 18: Restlaufzeit (M)[193]

„wobei CF_t die vertraglichen Cashflows (Nominalbetrag, Zinsen und Gebühren) bezeichnet, die der Schuldner in Periode zu leisten hat."[194]

Aus der Formel ist ersichtlich, dass im fortgeschrittenen IRBA ein Laufzeitintervall vorgegeben ist. Trotz eigener Ermittlungen darf die Restlaufzeit nicht kleiner als 1 Jahr sein und soll darüberhinaus nicht 5 Jahre überschreiten.

3.4.5 Zusammenfassung der Berechnungssystematik

Die untere Abbildung veranschaulicht noch einmal die Unterscheidung zwischen dem KSA und dem IRBA, sowie dem Basis-IRBA und dem fortgeschrittenen IRBA.

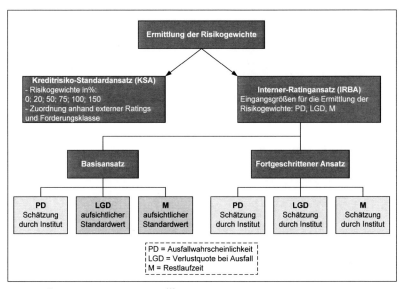

Abbildung 32: Überblick: IRBA-Risikogewicht[195]

---

[192] Vgl. *Boos/Fischer/Schulte-Mattler*: KWG-Kommentar, 2012, S. 1891, Tz. 10.
[193] Vgl. Artikel 158 Absatz 2: VO-Entwurf.
[194] Vgl. Artikel 158 Absatz 2: VO-Entwurf.

3.5 Risikominderung durch Garantien und Kreditderivate

3.5.1 Rechtliche Grundstruktur der Kreditrisikominderung

Die Bestimmungen zu der Risikominderung durch Garantien und Kreditderivaten finden sich hauptsächlich im Kapitel 4 des Titels II „Eigenkapitalanforderungen für Kreditrisiken" und umfassen die Artikel 188 bis 236.

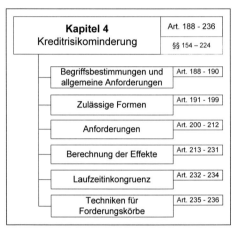

Abbildung 33: Überblick: Grundstrukturen der Kreditrisikominderung

3.5.2 Begriffsbestimmung

3.5.2.1 Garantie

Unter der (im Gesetz nicht geregelten) Garantie im engeren Sinne versteht man ein selbständiges Versprechen, dafür einzustehen, dass ein bestimmter tatsächlicher oder rechtlicher Erfolg eintritt.[196]

Der bankaufsichtsrechtliche Garantiebegriff ist dagegen weiter gefasst. Vielmehr unterfallen diesem offen ausgestalteten Begriff alle Formen von Garantiegeschäften (wie z.B. Bürgschaften, harte Patronatserklärungen und auch die später vorgestellten Kreditderivate), sofern sie den Mindestanforderungen von berücksichtigungsfähigen Gewährleistungen erfüllen.[197]

---

[195] In Anlehnung an *Johanning*: Zur Eignung des VaR als bankaufsichtliches Risikomaß, S. 284.
[196] Vgl. *Boos/Fischer/Schulte-Mattler*: KWG-Kommentar, 2012, S. 75, Tz. 81.
[197] Vgl. *ebenda*, S. 2075, Tz. 1.

Dabei gelten als Garantien „alle von einem Dritten (Sicherungsgeber) übernommenen vertraglichen und gesetzlichen direkten Verpflichtungen oder künftige Forderungen des Kreditgebers (Sicherungsnehmer), für eine oder mehrere bestehende oder künftige Forderungen des Kreditgebers gegenüber dem Kreditnehmer im Falle eines vorher definierten Kreditereignisses, insbesondere bei Ausfall des Kreditnehmers, ganz oder teilweise einzustehen."[198]

Für die bankaufsichtsrechtliche Anerkennung einer Garantie oder eines Kreditderivats muss also stets das Kreditinstitut der Begünstigter eines Garantiegeschäfts sein.

Abbildung 34: Garantie: Auftraggeber = Begünstigter

Da Gewährleistungen für einen anderen übernommen werden, sind bei den Garantiegeschäften stets drei Personen beteiligt. Dabei ist es ist auch möglich, dass der Kreditnehmer, also ein Unternehmen der Auftraggeber eines Garantiegeschäftes ist und die Bank weiterhin der Begünstigte ist (siehe untere Abbildung).[199]

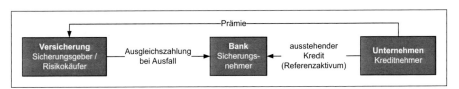

Abbildung 35: Garantie: Auftraggeber ≠ Begünstigter

„Zweck der Gewährleistung ist es, dem Begünstigten neben seinem Schuldner aus dem Grundgeschäft einen zusätzlichen, finanziell einwandfreien Schuldner zur Seite zu stellen (Kreditleihe)"[200], was in diesem Fall meist eine Versicherungsgesellschaft ist. „Der Gewährleistende hat für einen bestimmen Erfolg, i.d.R. die Zahlung eines Geldbetrages einzustehen. Nur dann, wenn der Schuldner (hier: das Unternehmen) selbst bei Fälligkeit nicht die geschuldete Leistung erbringt, muss der Gewährleistende einstehen."[201]

---

[198] Vgl. *Boos/Fischer/Schulte-Mattler*: KWG-Kommentar, 2012, S. 2075, Tz. 1.
[199] Vgl. *ebenda*, S. 74, Tz. 78.
[200] Vgl. *ebenda*.
[201] Vgl. *ebenda*.

3.5.2.2 Kreditderivat

„Bei Kreditderivaten handelt es sich um Finanzkontrakte deren Wert aus dem Kreditrisiko ihres Referenzaktivums"[202] (z.B. ausstehender Kredit an Unternehmen) abgeleitet wird. Mittels dieser Instrumente können die mit Darlehen verbundenen Kreditrisiken auf als Sicherungsgeber oder Sicherungsverkäufer bezeichnete Partei (z.B. Versicherungsgesellschaft) übertragen werden. Die originären Kreditbeziehungen der Sicherungsnehmer und dem Schuldner werden dadurch weder verändert noch neu begründet.[203]

Hieraus ist nicht unmittelbar ein Unterschied zu dem bankaufsichtsrechtlichen Garantiebegriff zu erkennen. Und wie bei Garantien beruht die Risikominderung bei Kreditderivaten auf dem Zahlungsversprechen des Kontraktpartners (hier die Versicherung). Ferner werden Kreditderivate ebenfalls zu den Gewährleistungen gezählt und zusammen mit den Garantien als „Besicherung ohne Sicherungsleistung" aufgefasst, sofern die Anforderungen des Unterabschnitts 2 „Besicherung ohne Sicherheitsleistung […]" erfüllt sind.

Zu der „Besicherung mit Sicherungsleistung" zählt man bei dem Kreditinstitut hinterlegte finanzielle Sicherheiten, wie Barmittel oder Gold, für die andere Berechnungsmethoden zur Reduzierung der Eigenkapitalanforderungen vorgesehen sind, als für Garantien und Kreditderivate, mit denen sich der *Unterabschnitt 3.5.4* intensiv beschäftigt.

Der Unterschied von Kreditderivaten zu Garantien liegt darin, dass Kreditderivate i.d.R. auf standardisierten Rahmenverträgen basieren. Dadurch ist es möglich, dass Kreditderivate an den internationalen Finanzmärkten handelbar sind.[204] Schließlich kann durch die Standardisierung der ursprüngliche Sicherungsnehmer (meist eine Bank) wiederum dieses Kreditderivat unkompliziert an einen anderen Sicherungsnehmer verkaufen. Aus diesem Grund kommt es auch anders als bei den sonst klassischen Möglichkeiten der Risikoübertragung (z.B. durch Bürgschaften) zu einer laufenden Marktbewertung von Kreditderivaten.[205]

Problematisch ist nur, dass durch den Verkauf des Kreditderivats eine andere Person davon profitieren würde, wenn das vertraglich vereinbarte Kreditereignis (Kreditausfall) eintrifft. Der Inhaber des erworbenen Kreditderivats erhält dann die von der Versicherung zugesagte Aus-

---

[202] Vgl. *Boos/Fischer/Schulte-Mattler*: KWG-Kommentar, 4. Auflage, S. 2078, Tz. 1.
[203] Vgl. *ebenda*.
[204] Vgl. *ebenda*.
[205] Vgl. *ebenda*, Tz. 2.

gleichszahlung, obwohl ihm selbst kein Schaden entstanden ist. Aus ökonomischer Sicht müsste der Inhaber des erworbenen Kreditderivats also auf den Schadenseintritt bei der Bank hoffen, die sich ursprünglich durch das Kreditderivat absichern wollte.

Der VO-Entwurf zu Basel III sieht in Artikel 199 drei berücksichtigungsfähige Arten von Kreditderivaten vor, von denen insbesondere der „Credit Default Swap" (CDS) für die Übertragung des Ausfallrisiko der Bank auf den Sicherungsgeber geeignet ist.

Die beiden anderen berücksichtigungsfähigen Arten von Kreditderivaten – „Total Return Swap" (TRS) und „Credit Linked Note" (CLN) – sind weitreichender als der CDS und werden daher ausgeklammert. So bezieht der TRS sich meist auf Anleihen, bei denen nicht nur das Kreditrisiko, sondern auch das Marktrisiko übertragen wird.[206] Und der CLN verlangt, dass das sicherungsnehmende Kreditinstitut eine Baruntelegung der Risiken erhält, so dass es nicht nur zu einem reinen Risikotransfer kommt, sondern auch zu einer Zahlung vor Eintritt des Kreditereignisses.[207]

Bei einem Credit Default Swap (CDS) leistet der Sicherungsgeber (z.B. eine Versicherungsgesellschaft) bei Eintritt eines im Vorhinein festgelegten Kreditereignisses (z.B. bei Kreditausfall des Schuldners) eine Ausgleichszahlung an den Sicherungsnehmer (z.B. die Bank).[208]

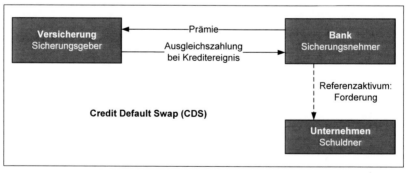

Abbildung 36: Grundstruktur des Credit Default Swap (CDS)

Durch den CDS wird das Ausfallrisiko vom Gläubiger auf die Versicherung übertragen, weswegen der Sicherungsgeber auch als Risikokäufer bezeichnet wird. Im Gegenzug für den

---

[206] Vgl. *Boos/Fischer/Schulte-Mattler*: KWG-Kommentar, 2012, S. 2079, Tz. 4.
[207] Vgl. *ebenda*, S. 2078-2079, Tz. 2.
[208] Vgl. *Boos/Fischer/Schulte-Mattler*: KWG-Kommentar, 2012, S. 2079, Tz. 3.

sogenannten „PD-Tausch", also die Übertragung des Ausfallrisikos, erhält der Risikokäufer eine einmalige oder eine jährliche Prämie des Auftraggebers.

3.5.3 Mindestanforderungen an Kreditrisikominderungstechniken

Wie bereits erwähnt zählen Garantien und Kreditderivate – anders als finanzielle oder physische Sicherheiten, wie Barmittel, Gold oder Immobilien – zu der „Besicherung ohne Sicherheitsleistung". Um als berücksichtigungsfähige Gewährleistungen und somit eigenkapitalanforderungsmindernd anerkannt zu werden, werden bestimmte qualitative Mindestanforderungen an den Sicherungsgeber sowie an die ausgestellten Garantien und Kreditderivate geknüpft.

3.5.3.1 Anforderungen an Gewährleistungsgeber

In Artikel 190 Absatz 5 des VO-Entwurfs kann ein Sicherungsgeber bei einer „Besicherung ohne Sicherheitsleistung" nur anerkannt werden, wenn alle folgenden Bedingungen erfüllt sind:
   a) Der Sicherungsgeber ist in der enthaltenen Aufstellung der anerkennungsfähigen Sicherungsgeber der Artikel 197 und 198 aufgeführt.
   b) Der Sicherungsgeber ist ausreichend verlässlich.
   c) Die Sicherungsvereinbarung ist rechtswirksam und durchsetzbar.

Allgemeine berücksichtigungsfähige Gewährleistungsgeber

Der Artikel 197 des VO-Entwurfs listet mehrere Parteien auf, die sowohl für den KSA als auch für den IRB-Ansatz als Steller einer „Besicherung ohne Sicherheitsleistung" gelten, hierzu werden bspw. Zentralstaaten oder Kreditinstitute aufgelistet.

Aber auch andere Unternehmen können als Sicherungsgeber in Frage kommen, wenn dieses Unternehmen (z.B. eine Versicherungsgesellschaft) ein anerkanntes „ECAI"-Rating erhalten hat, welches einer Ratingklasse von mindestens 2 entspricht.[209]

Wenn das sicherungsnehmende Kreditinstitut den IRB-Ansatz anwendet, können auch Unternehmen als Gewährleistungsgeber in Frage kommen, wenn das Kreditinstitut laut eigenem Rating dem Unternehmen mit einer PD ansetzt, die der Ratingklasse von mindestens 2 gleichgesetzt ist.[210]

---

[209] Vgl. Artikel 197 Absatz 1 Buchstabe g) VO-Entwurf
[210] Vgl. Artikel 197 Absatz 1 Buchstabe g) VO-Entwurf

Gewährleistungsgeber im Rahmen des Double Default-Effektes

Besondere Anforderungen an den Gewährleistungsgeber werden im Artikel 198 des VO-Entwurfs aufgelistet, wenn das sicherungsnehmende Kreditinstitut die Garantien und Kreditderivate für eine besondere Berechnungsmethode zur Kreditrisikominderung im IRBA verwenden möchte. Es handelt sich hierbei um die Methodik des sogenannten „Double Default-Effektes" nach Artikel 148 Absatz 3 des VO-Entwurfs, auf die im Rahmen des *Unterabschnitts 3.5.4.3* eingegangen wird. Fälschlicherweise verweist der VO-Entwurf vom 20.07.2011 stets auf den Absatz 4 des Artikels 148 und meint damit eigentlich den Absatz 3 des Artikels 148.

Nach Artikel 198 kommen für den Double Default-Effekt (DD-Effekt) nur „Financial Firms" als Gewährleistungsgeber in Betracht. Zu diesen „Financial Firms" gehören Kreditinstitute, Wertpapierfirmen und Versicherungsunternehmen.[211]

Für diese Gewährleistungsgeber bestehen neben den Anforderungen aus Artikel 197 des VO-Entwurfs zusätzliche materielle Anforderungen. So müssen die Gewährleistungsgeber neben einer guten Bonität und Transparenz, auch über ausreichende Sachenkenntnis und Erfahrungen im Stellen von Garantien und Kreditderivaten verfügen.[212] „Das Gewähren derartiger Absicherungen muss also grundsätzlich Teil des normalen Geschäfts des Gewährleistungsgebers sein."[213]

Ferner müssen die Gewährleistungsgeber einem mit dem KWG vergleichbaren Regulierungswerk unterliegen, wie z.B. die Versicherungsgesellschaften dem Versicherungsaufsichtsgesetz (VAG).[214] Alternativ kann eine Anerkennung für die Zwecke des DD-Effektes auch dann möglich sein, wenn der Gewährleistungsgeber durch ein externes Rating mit „ECAI"-Status für langfristige Bonitätsbeurteilung mindestens die Rating-Klasse 3 erhält (Artikel 198 Buchstabe b).[215]

3.5.3.2 Anforderungen an Garantien und Kreditderivate

Garantien und Kreditderivate müssen sowohl den gemeinsamen als auch ihren jeweiligen Anforderungen erfüllen, um als „Besicherung ohne Sicherheitsleistung" für die Beeinflussung der Eigenkapitalanforderungen berücksichtigt zu werden.

---

[211] Vgl. *Boos/Fischer/Schulte-Mattler*: KWG-Kommentar, 2012, S. 2073, Tz. 5.
[212] Vgl. Artikel 198 Buchstabe a)
[213] Vgl. *Boos/Fischer/Schulte-Mattler*: KWG-Kommentar, 2012, S. 2073, Tz. 6.
[214] Vgl. *ebenda*.
[215] Vgl. *ebenda*.

Gemeinsame Anforderungen

Nach Artikel 208 des VO-Entwurfs können Garantien und Kreditderivate als „Besicherung ohne Sicherheitsleistung" anerkannt werden, wenn alle der folgenden Bedingungen erfüllt sind:
- a) Die Absicherung ist unmittelbar.
- b) Der Umfang der Absicherung ist eindeutig festlegt.
- c) Der Sicherungsvertrag enthält keine Klauseln, deren Einhaltung sich dem direkten Einfluss des Kreditgebers entzieht, wie z.b. die einseitige Kündigung der Kreditabsicherung durch den Sicherungsgeber
- d) Die Besicherung ist rechtswirksam und durchsetzbar.

Zusätzliche Anforderungen an Garantien

Neben den gemeinsamen Anforderungen an Garantien und Kreditderivaten müssen z.B. die nachstehend genannten Bedingungen gemäß Artikel 210 des VO-Entwurfs erfüllt sein, damit Garantien als „Besicherung ohne Sicherheitsleistung" anerkannt werden:
- a) Bei Eintritt des Kreditereignisses (z.B. Kreditausfall) hat das kreditgebende Institut das Recht, den Garantiegeber zeitnah für alle Zahlungen in Anspruch zu nehmen.

  Das sicherungsnehmende Kreditinstitut kann bei Eintritt des Garantiefalls bzw. Kreditereignisses „zeitnah vom Gewährleistungsgeber die Zahlung sämtlicher aus der garantierten Position geschuldeten Beträge verlangen ohne zuvor Beitreibungsversuche beim Schuldner unternommen haben zu müssen."[216]

  Das bedeutet, dass die normale Bürgschaft (unter Einrede der Vorausklage; § 771 BGB) keine von der Bankenaufsicht anerkannte Garantie zur Reduzierung der Kreditrisiken darstellt.

  Schließlich kann der Bürge die Befriedung des Gläubigers solange verweigern bis die vom Gläubiger versuchte Zwangsvollstreckung gegen den Schuldner erfolglos blieb. [217]

  Folglich müssen Bürgschaften unter dem Verzicht der gesetzlichen Einrede der Vorausklage ausgestellt sein, damit diese Garantiegeschäfte auch als „Besicherung ohne Sicherheitsleistung" anerkannt werden können.
- b) Die Garantie ist eine ausdrücklich dokumentierte, vom Garantiegeber eingegangene Verpflichtung.

---

[216] Vgl. *Boos/Fischer/Schulte-Mattler*: KWG-Kommentar, 2012, S. 2075, Tz. 2.
[217] Vgl. *ebenda*.

Zusätzliche Anforderungen an Kreditderivate

Die zusätzlichen Anforderungen für Kreditderivate finden sich im Artikel 211 des VO-Entwurfs wieder. So verlangt der Absatz 1 beispielsweise:

d) „Es ist eindeutig festgelegt, wer darüber entscheidet, ob ein Kreditereignis vorliegt." Dabei wird der Ausfall des Schuldners als typisches Kreditereignis vereinbart: Zahlungsverzug nach Ablauf einer Karenzzeit oder die Eröffnung des Insolvenzverfahrens des Schuldners.[218]

e) „Diese Entscheidung obliegt nicht allein dem Sicherungsgeber." D.h. dass die Feststellung des Kreditereignisses nicht allein von der Zustimmung des Gewährleistungsgebers (Sicherungsgebers) abhängig sein darf.[219]

f) Das sicherungsnehmende Kreditinstitut muss berechtigt sein, dem Gewährleistungsgeber den Eintritt des Kreditereignisses anzuzeigen.

Zusätzliche Anforderungen bei Anwendung des Double-Default-Effektes

Für die Wirkung des Double-Default-Effektes, welches im Folgenden *Unterabschnitt 3.5.4* beschrieben wird, kommen nur Garantien und Kreditderivate als Sicherungsinstrumente in Betracht, die den vorhin beschriebenen Mindestanforderungen genügen und darüber hinaus die Anforderungen nach Artikel 212 des VO-Entwurfs erfüllen, wie z.B.

a) Die Forderung des Kreditinstituts muss eine „Forderung an Unternehmen" oder eine „Retailforderung" sein.

b) Das abgesicherte Kreditinstitut gehört nicht der gleichen Branche an wie der Sicherungsgeber.

[…]

k) Das sicherungsnehmende Kreditinstitut muss über Prozesse zur Steuerung bestimmter Risiken verfügen. „Insbesondere muss eine übermäßige Korrelation der Bonität des Gewährleistungsgebers mit der des Schuldners erkannt werden können, die über die gemeinsame Abhängigkeit von systematischen Risikofaktoren hinaus auf eine Abhängigkeit ihrer Bonitäten von weiteren gemeinsamen Faktoren zurückzuführen ist."[220]

---

[218] Vgl. *ebenda*, S. 2080, Tz. 7.
[219] Vgl. *Boos/Fischer/Schulte-Mattler*: KWG-Kommentar, 2012, S. 2080, Tz. 9.
[220] Vgl. *ebenda*, S. 2082-2083, Tz. 3.

3.5.4 Berechnung der Kreditrisikominderungseffekte

3.5.4.1 Überblick

Je nach Art der Besicherung und nach Wahl des Ansatzes zur Ermittlung der Kreditrisiken (KSA oder IRBA) gibt es unterschiedliche Berechnungsmethoden zur Beeinflussung der Eigenkapitalanforderungen.

Anders als bei den finanziellen Sicherheiten („Besicherung mit Sicherheitsleistung"), bei denen im Rahmen der umfassenden Methode die beim Kreditinstitut hinterlegten Sicherheiten, wie Barmittel, den Forderungswert (E/EAD) reduzieren können,[221] sieht der VO-Entwurf für die Garantien und Kreditderivaten („Besicherung ohne Sicherheitsleistung") den sogenannten Substitutionsansatz für beide Verfahrensansätze vor.

Beim KSA besagt dieser Ansatz, dass der besicherte Teil der Risikoposition das Risikogewicht des Sicherungsgebers (RW_{SG}) anstelle des Risikogewichts des Schuldners (RW_{KN}) erhält.[222]

Im Basis-IRBA werden Garantien und Kreditderivate berücksichtigt, indem die Ausfallwahrscheinlichkeit des Kreditnehmers (PD_{KN}) durch die des Sicherungsgebers (PD_{SG}) ersetzt bzw. substituiert wird. Im fortgeschrittenen IRB-Ansatz hat das Kreditinstitut die Wahl zwischen dem Austausch der Ausfallwahrscheinlichkeit oder der Anpassung der Verlustquote (LGD).

Statt des Substitutionsansatzes und der Reduzierung der LGD kann auch der Double-Default-Effekt im IRBA berücksichtigt werden, „indem das Risikogewicht angesetzt wird, dass auf der Basis einer vorsichtig geschätzten gemeinsamen Ausfallwahrscheinlichkeit ermittelt wird."

---

[221] Vgl. *Hartmann-Wendels/Pfingsten/Weber*: Bankbetriebslehre, 2010, S. 628.
[222] Vgl. *ebenda*.

Die nachfolgende Übersicht macht deutlich, wie sich die Wirkung berücksichtigungsfähiger Garantien und Kreditderivate auf die Risikogewichtung darstellt.

Kreditrisiko-Standardansatz	Basis-IRBA	Fortgeschrittener IRBA
Nur Substitutionsansatz, d.h. Risikogewicht des Schuldners wird ersetzt durch das Risikogewicht des Gewährleistungsgebers	1. Substitutionsansatz, d.h. PD des Schuldners wird ersetzt durch die PD des Gewährleistungsgebers	1. Substitutionsansatz, d.h. PD des Schuldners wird ersetzt durch die PD des Gewährleistungsgebers
	2. Double-Default-Effekt	2. Anpassung der LGD
		3. Double-Default-Effekt

Tabelle 9: Anrechnung von Garantien und Kreditderivate[223]

Die aufgeführten Berechnungsmethoden reduzieren jedoch immer nur das Risikogewicht und nicht den Forderungswert, so dass die Beeinflussung der Eigenkapitalanforderungen mit den Veränderungen der KSA- oder IRBA-Risikogewichte korrespondieren.

3.5.4.2 *Substitutionsansatz*

Kreditrisiko-Standardansatz (KSA)

Die Formel für die Berechnung der risikogewichteten Forderungsbeträge bei Anwendung des Substitutionsansatzes nach dem KSA ist in Artikel 230 des VO-Entwurfs aufgeführt und lautet wie folgt:

$$risikogewichtete\ Forderungsbeträge = max\{0, E - G\} * RW_{KN} + G * RW_{SG}$$

Formel 19: Substitutionsansatz im KSA

Dabei gilt:

E	Forderungswert
G	Höhe der Besicherung
RW_{KN}	KSA-Risikogewicht des Kreditnehmers
RW_{SG}	KSA-Risikogewicht des Sicherungsgebers

Tabelle 10: Legende

---

[223] Vgl. *Achtelik/Frommelt-Drexler/Flach*: Sicherheiten-Management, 2011, S. 252.

Die Formel besagt nichts anderes, als dass der unbesicherte Teil der Forderung mit dem originären Risikogewicht des Kreditnehmers (RW_{KN}) multipliziert wird und der besicherte Teil mit dem Risikogewicht des Sicherungsgebers (RW_{SG}), der sich nach dem KSA ergeben würde. Die „max"-Funktion veranschaulicht mathematisch, dass eine Garantie nur bis zur Höhe des Forderungswerts anrechnungsmindernd berücksichtigt wird.

IRB-Ansatz

Nach dem Basis- und dem fortgeschrittenen IRBA wird die PD des Kreditnehmers im Rahmen des Substitutionsansatzes durch die PD des Sicherungsgebers ersetzt.[224]

Im fortgeschrittenen IRBA kann die risikomindernde Wirkung von Garantien und Kreditderivaten auch innerhalb der LGD-Schätzung berücksichtigt werden.[225] Für den Fall des Kreditausfalls erhält das sicherungsnehmende Kreditinstitut durch die Gewährleistung seitens des Sicherungsgebers einen Erlös. Dies erhöht wiederum die Recovery-Rate, was im Umkehrschluss die Verlustquote (LGD) senkt.[226]

Eine gleichzeitige Anpassung der PD und der LGD darf allerdings nicht dazu führen, dass der *unerwartete* Verlust bzw. das Risikogewicht unterschritten wird, welches sich ergäbe, wenn nur eines der Parameter vollständig berücksichtigt werden würde oder welches einer „vergleichbaren" direkten Forderung an den Gewährleistungsgeber entspräche.[227]

$$unerwarteter\ Verlust\ pro\ EAD = LGD * (VaR_{(PD)} - EL_{(PD)})$$

Formel 20: Unerwarteter Verlust pro EAD

3.5.4.3 Double-Default-Effekt

Der soeben beschriebene Substitutionsansatz – oder ggf. die Anpassung der LGD im fortgeschrittenen IRBA – berücksichtigt die risikoreduzierende Wirkung von Garantien und Kreditderivaten nur unzureichend. Schließlich erleidet ein Institut aus einer mit einer Gewährleistung abgesicherten Forderung nur dann einen Verlust, wenn sowohl der Kreditnehmer als auch der

---

[224] Vgl. Artikel 231 Absatz 1 VO-Entwurf.
[225] Vgl. *Achtelik/Frommelt-Drexler/Flach*: Sicherheiten-Management, 2011, S. 303.
[226] Vgl. *Boos/Fischer/Schulte-Mattler*: KWG-Kommentar, 2012, S. 2019, Tz. 5.
[227] Vgl. *ebenda*, S. 1882, Tz. 9.

Sicherungsgeber ausfallen.[228] „Der Substitutionsansatz ist daher nur dann risikogerecht, wenn die Ausfälle der beiden Adressen vollständig korreliert sind."[229]

Daher hat der Baseler Ausschuss für Bankenaufsicht im Juli 2006 eine besondere Anrechnung von Gewährleistung beschlossen.[230] Unter den in *Unterabschnitt 3.5.3.2* genannten Anforderungen ermöglicht der Double-Default-Effekt für eine besicherte Forderung auch ein niedrigeres Risikogewicht zu erreichen, als das Risikogewicht, welches für eine vergleichbare direkte Forderung an den Gewährleistungsgeber ergeben würde (Substitutionsansatz). Doch hierfür muss eine ausreichend geringe Korrelation zwischen dem Gewährleistungsgeber und dem Kreditnehmer vorliegen.[231]

Wahrscheinlichkeitstheorie
Der Sachverhalt, dass die sicherungsnehmende Bank erst dann einen Verlust erleidet, wenn zwei Defaultereignisse (Double-Default-Effekt) eintreten, kann wahrscheinlichkeitstheoretisch auf einfache Weise dargestellt werden.

Es wird angenommen, dass der Sicherungsgeber bei Nicht-Ausfall den vollen EAD abdeckt (Recovery Rate = 1 → LGD = 0), bei Ausfall aber keinerlei Zahlung leistet (RR = 0 → LGD = 1). Das Ereignis A kennzeichnet den Ausfall des Kreditnehmers, dass Ereignis B diejenige Situation, in der auch auf Seiten des Gewährleistungsgebers Leistungsstörungen auftreten. Folglich bestimmt erst das Schnittereignis A ∩ B den Verlustfall für das sicherungsnehmende Institut, für dessen Wahrscheinlichkeit „P" gilt:

$$P(A \cap B) = P(B \mid A) * P(A)$$

Formel 21: Schnittstellen Wahrscheinlichkeit

Die „bedingte Wahrscheinlichkeit" P (B | A) misst das Risiko, dass die Besicherung versagt, wenn der eigentliche Schuldner ausgefallen ist. Unter der Annahme einer vollständigen Unabhängigkeit zwischen Kreditnehmer und Sicherungsgeber (Korrelation = 0), gilt: $P(B \mid A) =$ P(B), so dass sich die gemeinsame Ausfallwahrscheinlichkeit zum Produkt der PDs von Kreditnehmer und Sicherungsgeber vereinfacht (siehe untere Abbildung).

---

[228] Vgl. *ebenda*, S. 1870, Tz. 12.
[229] Vgl. *ebenda*.
[230] Vgl. *ebenda*, Tz. 13.
[231] Vgl. *ebenda*.

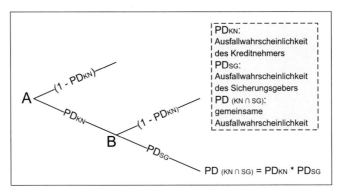

Abbildung 37: Gemeinsame Ausfallwahrscheinlichkeit bei stochastischer Unabhängigkeit

Im Fall der Unabhängigkeit und einem LGD = 1 entspricht aus Sicht des sicherungsnehmenden Instituts der zu erwartende Verlust also:

$$EL = P(A \cap B) * LGD * EAD = PD_{KN} * PD_{SG} * 1 * EAD$$

Formel 22: Erwarteter Verlust bei Unabhängigkeit

Die Umsetzung der dem Double-Default-Effekt zu Grunde liegenden wahrscheinlichkeitstheoretischen Überlegung ist im Artikel 148 Absatz 3 des VO-Entwurfs geregelt.

Die Berechnung des risikogewichteten Forderungsbetrags unter Berücksichtigung des Double-Default-Effektes (DD-Effekt) richtet sich im ersten Schritt nach der Berechnung für nicht eine abgesicherte Forderung an den Kreditnehmer.[232]

$$risikogewichteter\ Forderungsbetrag = RW_{IRBA} * Forderungswert\ (EAD)$$

Formel 23: vorläufiger risikogewichteter Forderungsbetrag nach Double-Default

Hierbei sind allerdings zwei Modifikationen im IRBA-Risikogewicht vorzunehmen:
- Die Verlustquote (LGD) entspricht der einer vergleichbaren direkten Forderung gegenüber dem Sicherungsgeber.[233]
- Der Laufzeitanpassungsfaktor (b) wird mit dem Minimum aus der PD des Kreditnehmers und des Sicherungsgebers angesetzt.[234]

---

[232] Vgl. *Boos/Fischer/Schulte-Mattler*: KWG-Kommentar, 2010, S. 1872, Tz. 22.
[233] Vgl. Artikel 148 Absatz 3 VO-Entwurf.
[234] Vgl. Artikel 148 Absatz 3 VO-Entwurf.

Im zweiten Schritt wird der vorläufige, risikogewichtete Forderungsbetrag mit dem unteren Faktor (DD) multipliziert, der nun die PD des Sicherungsgebers berücksichtigt.

$$DD = 0{,}15 + 160 * PD_{SG}$$

Formel 24: Abschlagsfaktor: Double-Defaullt

Auffällig ist, dass die Bankenaufsicht nicht einfach wie in den obigen wahrscheinlichkeitstheoretischen Überlegungen das Risikogewicht des Kreditnehmers mit der Ausfallwahrscheinlichkeit des Sicherungsgebers multipliziert, sondern vorsichtig die Effekte des doppelten Ausfalls berücksichtigt.

Der DD-Abschlag sieht nämlich vor, dass er mindestens 0,15 beträgt und sich proportional zu der PD des Sicherungsgebers um den Faktor 160 erhöht. Und je höher der Abschlagsfaktor ist, desto geringer ist ermittelte Risikominderung.

Durch diese vereinfachte mathematische Funktion berücksichtigt die Bankenaufsicht die auf empirischen Analysen basierenden Korrelationen des Sicherungsgebers und des Kreditnehmers zum systematischen Risiko.[235]

Wie die spätere Analyse zeigen wird, führt der Double-Default-Effekt nicht zwangsläufig zu geringeren Kreditrisiken im Vergleich zum Substitutionsansatz, und dass obwohl man aus den wahrscheinlichkeitstheoretischen Überlegungen hiervon ausgehen müsste.

Die Berechnung nach dem Double-Default-Effekt kann sowohl für die „Forderungen an Unternehmen" als auch für „Retailforderungen" im IRBA angewendet werden.[236]

---

[235] Vgl. *Baseler Ausschuss*: Behandlung von Double-Default-Effekten, S. 57.
[236] Vgl. Artikel 148 Absatz 3 und Artikel 149 Absatz 2 i.V.m. Artikel 148 Absatz 3 VO-Entwurf.

4 Analyse

4.1 Aufbau

Die nachstehende Analyse, die nun die aus dem Kapitel 3 beschriebenen Anforderungen und Berechnungsvorschriften des VO-Entwurfs anwendet, teilt sich in den Abschnitten
- *Risikoparameter ohne Besicherung,*
- *Direkte Besicherung durch Garantien und Kreditderivate* und
- *Indirekte Besicherung durch Garantien und Kreditderivate*

auf.

Risikoparameter ohne Besicherung

Der erste Abschnitt beschäftigt sich mit einer Sensitivitätsanalyse, in welcher der Einfluss der in *3.3 Standardansatz* und *3.4 Interner-Ratingansatz* vorgestellten Risikoparameter auf die Eigenkapitalanforderungen untersucht wird. Dabei werden die Auswirkungen von veränderten Parametern ohne die Berücksichtigung von Sicherheitsleistungen – differenziert nach Verfahrensansatz und Forderungsklasse – verdeutlicht.

Dieser Abschnitt soll zeigen, dass zum einen der Wechsel vom KSA zum IRBA, sowie die Zuordnung von Krediten in die jeweilige Forderungsklasse die Eigenkapitalanforderungen der Kreditinstitute beeinflussen und zum anderen Erkenntnisse liefern, die auch für die Analyse der Wirkung von Garantien und Kreditderivate hilfreich sind.

Direkte Besicherung durch Garantien und Kreditderivate

Die Auswirkung von Sicherheitsleistung durch Garantien und Kreditderivate folgt in dem zweiten Abschnitt.

Anhand eines exemplarischen Forderungsportfolios und einer Gegenüberstellung von möglichen Sicherungsgebern soll gezeigt werden, wann der Risikotransfer von dem Kreditinstitut auf den Gewährleistungsgeber zur Reduzierung der Eigenkapitalanforderung führt und in welcher Höhe die Eigenkapitalentlastung ausfällt.

Hieraus lässt sich ableiten, welche Forderungsklassen und welche Verfahrensansätze in dem gewählten Beispiel das größte absolute Verbesserungspotential zur Optimierung der Eigenkapitalanforderung liefern. Mit einem Vergleich zu der Ausgangssituation (unbesichertes Portfolio) lassen sich zudem die relativen Verbesserungspotentiale einer Forderungsklasse ableiten.

Außerdem kann mit Hilfe der Standardabweichung die Ungleichmäßigkeit der Eigenkapitalentlastung festgestellt werden, die ein Indiz liefert, in welchen Forderungsklassen und nach welchen Verfahren die Identifizierung von einzelnen Krediten mit hohem Verbesserungspotential empfehlenswert ist und bei welchen Forderungsklassen eine gleichmäßige Verteilung vorliegt, so dass eine pauschale Besicherung dieser Forderungsklasse ausreichend ist.

Neben den absoluten Verbesserungspotentialen je Forderungsklasse bzw. einzelner Kredite können mit Hilfe der Ergebnisse aus der Sensitivitätsanalyse auch relative Optimierungspotentiale einzelner Forderungen erkannt werden, bei denen durch geringfügige Abweichung zwischen der PD des Kreditnehmers und der PD des Sicherungsgebers mittels des Substitutionsansatzes die größte relative Eigenkapitalentlastung des Kreditinstituts herbeigeführt wird.

Zum Schluss dieses Abschnitts wird gezeigt, weswegen der Double-Default-Effekt in der Praxis nur selten dem Substitutionsansatz vorgezogen wird.

Indirekte Besicherung durch Garantien und Kreditderivate
Der letzte Abschnitt des Kapitels Analyse führt die Überlegung an, welchen Einfluss Garantien und Kreditderivate auf die Eigenkapitalanforderungen des Instituts nehmen kann, wenn nicht das Kreditinstitut, sondern der Kreditnehmer selbst der Begünstigte von besicherten Kundenforderungen ist.

4.2 Risikoparameter ohne Besicherung

In den folgenden vier Unterabschnitten wird der Einfluss der Risikoparameter auf die Eigenkapitalanforderungen für die Forderungsklassen „Unternehmen" und „Retailforderungen" hinsichtlich ihrer Sensitivität analysiert, ohne die Berücksichtigung von Garantien und Kreditderivate.

Die hierdurch gewonnenen Erkenntnisse sind allerdings für die anschließende Untersuchung der Eigenkapitalbeeinflussung durch Garantien und Kreditderivate hilfreich für die Bestimmung um das in diesem Buch bezeichnete relative Optimierungspotential zur Eigenkapitalentlastung aufzuzeigen.

Abhängig von der Forderungsklasse und dem Verfahrensansatz fließen die Ausfallwahrscheinlichkeit (PD), die Verlustquote bei Ausfall (LGD), die Restlaufzeit (M) sowie die Unternehmensgröße gemessen am Umsatz (S) in die Risikogewichtsfunktion ein (beim IRBA), bzw. in die Zuordnungstabelle (beim KSA).

Dabei kann lediglich die Auswirkung des Risikoparameters „PD" für alle Kreditrisikoermittlungsverfahren (KSA, Basis-IRBA, fortgeschrittener IRBA) und jeder Forderungsklasse analysiert werden.

4.2.1 Auswirkung der Ausfallwahrscheinlichkeit (PD)

Für die isolierte Untersuchung der Auswirkung durch die PD müssen die anderen Risikoparameter – abgesehen von dem KSA – vorgegeben werden.

Es soll folgendes angenommen werden:

- der Forderungswert (E/EAD): 1 Mio. EUR
- die Verlustquote (LGD): 45%
- die Restlaufzeit: 2,5 Jahre
- Jahresumsatz der „KMU" der Forderungsklasse „Unternehmen": 20 Mio. EUR

Zur besseren Vergleichbarkeit der PD-Auswirkung auf die unterschiedlichen Forderungsklassen werden die Risikoparameter „LGD" und „M" mit den aufsichtlich vorgegebenen Werten des Basis-IRBA festgesetzt, so dass eine Differenzierung zwischen Basis- und fortgeschrittenen IRBA ausgeklammert wird.

Kreditrisiko-Standardansatz (KSA)

Beim KSA wird das Risikogewicht durch externe Ratings bestimmt, deren Bonitätsbeurteilung von der jeweiligen Ausfallwahrscheinlichkeit (PD) abhängt.

Ausgehend von der folgenden Zuordnungstabelle veranschaulichen die beiden anschließenden Abbildungen grafisch, dass aufgrund des beschriebenen „Mappings" die Eigenkapitalanforderungen für die Forderungsklasse „Unternehmen" stufenweise bzw. treppenförmig steigen.

Rating-Klasse (PD in %)	1 (0 - 0,22)	2 (0,23 - 0,57)	3 (0,58 – 1,56)	4 (1,57 – 5,4)	5 (5,41 – 13,94)	6 (ab 13,95)
Risikogewicht	20%	50%	100%	100%	150%	150%

Abbildung 38: Zuordnungstabelle

Wohingegen die Kreditinstitute für „Retailforderungen" bei einem Forderungswert von 1 Mio. EUR pauschal 60.000 EUR bankaufsichtsrechtliches Eigenkapital unterlegen müssen ($Eigenkapitalanforderung = 1.000.000\ € * 75\% * 0{,}08 = 60.000\ €$).

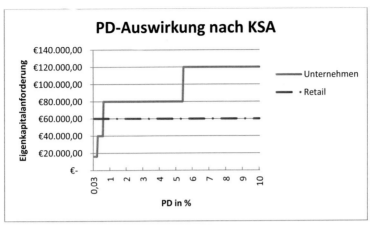

Abbildung 39: PD-Auswirkung: KSA

Die *Abbildung 40* hebt den in der oberen Grafik (*Abbildung 39*) eingerahmten Ausschnitt hervor und zeigt dabei deutlich, dass bis zu der Rating-Stufe 2 (hier: bis einer PD von 0,57%) die Eigenkapitalanforderungen für „Forderungen an Unternehmen" im KSA geringer sind, als bei „Retailforderungen".

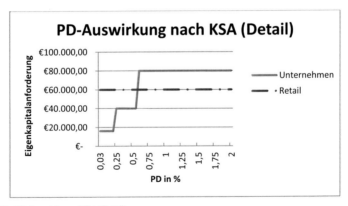

Abbildung 40: PD-Auswirkung: KSA (Detail)

Die Überlegung, dass man Kredite aus der optionalen Forderungsklasse „Retail", die eine PD bis 0,57% aufweisen in die residuale Forderungsklasse „Unternehmen" zuordnet, scheitert in der Realität meist an zwei Gründen.

Der eine Grund ist, wie eine Auswirkungsstudie der Deutschen Bundesbank ergab, dass die Ausfallwahrscheinlichkeiten von Retailforderungen meist höher sind, als bei der Forderungsklasse „Unternehmen",[237] so dass diese Überlegung in praxi selten vorkommen dürfte.

Und der zweite Grund ist, dass für „Retailforderungen" in der Regel keine externen Ratings mit „ECAI"-Status existieren. Die Folge wäre, dass Kredite, die im „Retailportfolio" mit einem Risikogewicht von 75% gewichtet worden wären, nun das Risikogewicht von 100% für ungeratete „Unternehmen" erhielten.

Die untere Tabelle bezieht sich auf die soeben vorgestellten Abbildungen und zeigt einen Auszug der visualisierten Eigenkapitalanforderungskurven.

PD in%	KSA-Unternehmen			KSA-ECAI		
	RW in%	Δ (≈RW')	Eigenkapital -Anforderung	RW in%	Δ (≈RW')	Eigenkapital -Anforderung
0,03	20,0		16.000,00 €	75,0		60.000,00 €
0,25	50,0	136,4	40.000,00 €	75,0	0,0	60.000,00 €
0,30	50,0	0,0	40.000,00 €	75,0	0,0	60.000,00 €
0,50	50,0	0,0	40.000,00 €	75,0	0,0	60.000,00 €
0,75	100,0	200,0	80.000,00 €	75,0	0,0	60.000,00 €
1,00	100,0	0,0	80.000,00 €	75,0	0,0	60.000,00 €
5,00	100,0	0,0	80.000,00 €	75,0	0,0	60.000,00 €
6,00	150,0	50,0	120.000,00 €	75,0	0,0	60.000,00 €
7,00	150,0	0,0	120.000,00 €	75,0	0,0	60.000,00 €
10,00	150,0	0,0	120.000,00 €	75,0	0,0	60.000,00 €
Konstante: Forderungswert (E) = 1 Mio. €						

Tabelle 11: PD-Auswirkung: KSA (Auszug)

Dabei sind Zeilen mit Intervallsprüngen durch gepunktete Linien voneinander abgegrenzt. Die Spalte „Δ" gibt die Steigung des Risikowichts der letzten Parametereinheit an und soll näherungsweise den Ableitungswert des Risikogewichts wiedergeben. Dabei gilt allgemein:

$$\Delta = \frac{\Delta RW}{\Delta PD} = \frac{(RW_{(PD+1)} - RW_{(PD)})}{[(PD+1) - PD]} \approx RW'_{(PD)}.$$

Je kleiner die Abstände zwischen zwei Punkten sind, desto genauer ist die Ermittlung der tatsächlichen Steigung in diesem Punkt.

---

[237] Vgl. *Deutsche Bundesbank*: 5. Auswirkungsstudie, 2006, S. 20.

Beispielrechnung zur Bestimmung eines angenäherten Ableitungswert im Punkt (PD: 0,03 | RW: 20,0): $\Delta = \frac{50-20}{0,25-0,03} = 136,4$ RW in% / PD in% $\approx$ RW'(0,03%)

Dabei gilt die Steigung („Δ") bzw. der angenäherte Ableitungswert ($\approx$RW') als ein Maß für die Sensitivität.

Durch einen Vergleich mit anderen Risikoparametern kann man also feststellen, welche Parameter einen besonders großen Einfluss auf die Eigenkapitalanforderung nehmen.

Aber auch innerhalb eines Risikoparameters können Intervalle bestimmt werden, bei denen die Eigenkapitalanforderungen besonders sensibel auf Veränderung reagieren.

Im KSA reagiert die Eigenkapitalanforderung der Forderungsklasse „Retail" gar nicht auf PD-Änderungen, wohingegen in der Klasse „Unternehmen" in einigen PD-Bereichen erhebliche Steigungen vorliegen (an den Übergängen von einer Rating-Klasse in die nächste).

IRB-Ansatz

Im Gegensatz zum KSA wird das Risikogewicht nicht anhand einer Zuordnungstabelle bestimmt, sondern durch Risikogewichtsfunktionen. Außerdem werden nun neben den Forderungen „Retail" und „Unternehmen", auch noch die Untergruppe von „Unternehmen" die „KMU" für die Sensitivitätsanalyse aufgeführt.

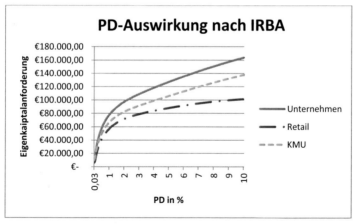

Abbildung 41: PD-Auswirkung: IRBA

Die obige Abbildung zeigt, dass die Eigenkapitalanforderung für „Forderungen an Unternehmen" am größten ist, wohingegen die „Retailforderungen" die geringste Unterlegung von

Eigenkapital bedürfen. Im Gegensatz zum KSA ergibt sich kein konstanter oder treppenförmiger Verlauf der Eigenkapitalanforderungskurven, sondern ein stetig-steigender, logarithmischen Verlauf.

Somit ist bei allen Kurvenläufen auffällig, dass bei Kreditnehmern mit geringer PD bereits kleine Veränderungen der PD bei ansonsten konstanten Parametern zu großen Veränderungen der Eigenkapitalanforderung führen. Oder mathematisch anhand der Risikogewichtsfunktion ausgedrückt: Die Ableitungsfunktion der Risikogewichtsfunktion nach PD ist fallend, so dass gilt:

$$RW'_{(PD)} > RW'_{(PD+1)}$$

Außerdem zeigt ein Vergleich zwischen den Forderungsklassen, dass die Sensitivität der RW-Funktion auf die PD bei „Forderungen an Unternehmen" höher ist als bei Forderungen an „KMU" und „Retailforderungen". Diese aus den Kurven abgeleitete Feststellung unterstreicht die untere Tabelle, die auszugsweise die Werte für die Abbildung 41 und Abbildung 42 angibt und unterstreicht, dass die folgende Formel gilt:

$$RW'_{"Unternehmen"} > RW'_{"KMU"} > RW'_{"Retail"}$$

	IRBA-Unternehmen			IRBA-Retail			IRBA-KMU		
PD in%	RW in%	Δ (≈RW')	Eigenkapital -anforderung	RW in%	Δ (≈RW')	Eigenkapital -anforderung	RW in%	Δ (≈RW')	Eigenkapital -anforderung
0,03	15,3		12.248,15 €	7,9		6.284,09 €	13,1		10.442,76 €
0,25	52,4	168,8	41.951,95 €	35,3	124,5	28.200,94 €	44,9	144,9	35.950,71 €
0,50	73,8	85,4	59.030,75 €	52,3	68,0	41.850,91 €	63,3	73,3	50.612,68 €
0,75	87,7	55,8	70.195,74 €	63,6	45,2	50.885,14 €	75,1	47,5	60.113,68 €
1,00	97,9	40,4	78.284,65 €	71,7	32,4	57.370,07 €	83,6	34,0	66.910,64 €
1,25	105,6	31,2	84.516,40 €	77,8	24,4	62.254,41 €	90,1	25,8	72.070,96 €
1,50	111,9	25,1	89.542,94 €	82,6	19,2	66.067,67 €	95,2	20,5	76.170,54 €
1,75	117,2	21,1	93.753,52 €	86,4	15,2	69.136,20 €	99,4	16,9	79.555,57 €
2,00	121,7	18,2	97.396,39 €	89,6	12,8	71.673,55 €	103,1	14,5	82.448,04 €
10,00	204,7	10,4	163.737,70 €	126,7	4,6	101.336,58 €	172,3	8,7	125.480,73 €
Konstante:	Forderungswert (EAD) = 1 Mio. € Verlustquote (LGD) = 45%			Restlaufzeit (M) = 2,5 Jahre Jahresumsatz (S) = 20 Mio. €					

Tabelle 12: PD-Auswirkung: IRBA (Auszug)

Festzuhalten für alle Forderungsklassen ist, dass bei niedrigen Ausfallwahrscheinlichkeiten die Risikogewichtsfunktion und damit auch die Eigenkapitalanforderung sehr sensibel auf Änderungen reagieren (siehe Spalte „Δ" in der obigen Tabelle). Diese Erkenntnis zeigt, wie wichtig insbesondere bei Forderungen mit geringer Ausfallwahrscheinlichkeit eine exakte Erfassung der PD ist.

Gegenüberstellung von KSA und IRBA

Aus der unteren Abbildung ist erkennbar, dass im IRBA die Eigenkapitalanforderungen stetig steigen, wohingegen im KSA die EK-Anforderungen auf 120.000 € (KSA-RW$_{Unternehmen}$ = 150%) bzw. 60.000 € (KSA-RW$_{Retail}$ = 75%) beschränkt sind.

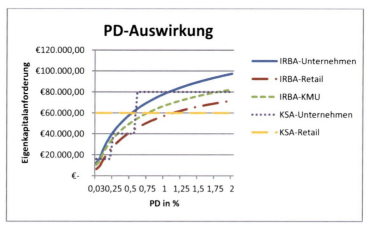

Abbildung 42: PD-Auswirkung: Gegenüberstellung von KSA und IRBA

In dem PD-Intervall von 0,03% bis 2% zeigt sich jedoch (obige Abbildung), dass je nach Forderungsklasse und PD-Bereich ein Wechsel vom einfachen KSA zum komplexeren IRBA für das Kreditinstitut ein geeignetes Mittel sein kann, die Eigenkapitalquote zu verbessern.

Damit wird den Kreditinstituten ein Anreiz geschaffen sich für den interne Ratings zu qualifizieren.[238] Aus diesem Grund ist es nicht verwunderlich, dass bereits mehr als die Hälfte[239] der Kreditinstitute den komplexen IRBA in Kauf nehmen, um sich dadurch mit einer Reduzierung der Eigenkapitalanforderung zu belohnen.[240]

---

[238] Vgl. *Boos/Schulte-Mattler*: Credit Risk Mitigation Techniques, 2001, S. 1.
[239] Vgl. *Berg/Uzik*: Auswirkungsstudie Basel III, 2011, S. 8.
[240] Vgl. *Boos/Schulte-Mattler*: Credit Risk Mitigation Techniques, 2001, S. 1.

Die untere Tabelle stellt die Eigenkapitalanforderungen der Forderungsklassen und Verfahrensansätze den Ausfallwahrscheinlichkeiten gegenüber.

PD in%	Eigenkapitalanforderung				
	IRBA			KSA	
	Unternehmen	Retail	KMU	Unternehmen	Retail
0,03	12.248,15 €	6.284,09 €	10.442,76 €	16.000,00 €	60.000,00 €
0,25	41.951,95 €	28.200,94 €	35.950,71 €	40.000,00 €	60.000,00 €
0,50	59.030,75 €	41.850,91 €	50.612,68 €	40.000,00 €	60.000,00 €
0,75	70.195,74 €	50.885,14 €	60.113,68 €	80.000,00 €	60.000,00 €
1,00	78.284,65 €	57.370,07 €	66.910,64 €	80.000,00 €	60.000,00 €
1,25	84.516,40 €	62.254,41 €	72.070,96 €	80.000,00 €	60.000,00 €
1,50	89.542,94 €	66.067,67 €	76.170,54 €	80.000,00 €	60.000,00 €
1,75	93.753,52 €	69.136,20 €	79.555,57 €	80.000,00 €	60.000,00 €
2,00	97.396,39 €	71.673,55 €	82.448,04 €	80.000,00 €	60.000,00 €
∑	626.920,49 €	453.722,98 €	534.275,58 €	576.000,00 €	540.000,00 €

Tabelle 13: Gegenüberstellung von EK-Anforderung im PD-Intervall [0,03%:2,00%]

Sähe man die obige Tabelle als ein Querschnitt aller auftretenden Ausfallwahrscheinlichkeiten mit identischer Gewichtung an, so zeigt sich, dass insbesondere bei den kleinen und mittleren Unternehmen (also „Retail" und „KMU") ein Wechsel vom KSA zum IRBA lohnenswert ist. Hier liegt der Gesamtanrechnungsbetrag mit ~454 TEUR und ~534 TEUR deutlich unter den beiden anderen KSA-Forderungsklassen.

Bei „Forderungen an Unternehmen", die sowohl im IRBA als auch im KSA die höchste Eigenkapitalanforderung erfordert, lohnt sich der IRB-Ansatz in diesem Beispiel nur bis zu einer PD von 1%.

4.2.2 Auswirkung der Verlustquote bei Ausfall (LGD)

Die Sensitivität des Risikoparameters LGD (sowie folgend von M und S) kann nur nach dem IRBA – und streng genommen nur in der fortgeschrittenen Variante – untersucht werden, weil in der Basis-IRBA die LGD aufsichtlich vorgeschrieben wird.

Im Gegensatz zu den Kurvenverläufen mit variabler PD zeigt die untere Grafik, dass die Verlustquote einen linearen Verlauf nimmt, so dass allgemein je Forderungsklasse gilt

$$RW'_{(LGD)} = RW'_{(LGD+1)}.$$

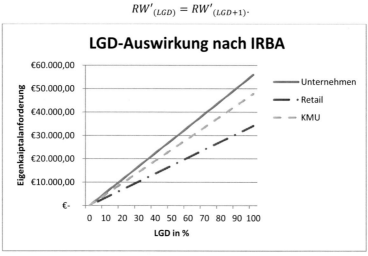

Abbildung 43: LGD-Auswirkung

Allerdings ist auch hier erkennbar, dass die Eigenkapitalanforderungen bei den „Forderungen an Unternehmen" am höchsten sind und die „Retailforderungen" am niedrigsten, was auch gleichzeitig der Reihenfolge der konstanten Steigung entspricht ($RW'_{Unternehmen} > RW'_{KMU} > RW'_{Retail}$).

	IRBA-Unternehmen						IRBA-KMU		
LGD in%	RW in%	Δ (≈RW')	Eigenkapital -anforderung	RW in%	Δ (≈RW')	Eigenkapital -anforderung	RW in%	Δ (≈RW')	Eigenkapital -anforderung
0	0,0	€	-	0,0		- €	0,0		- €
10	7,0	0,69	5.588,13 €	4,3	0,43	3.412,26 €	6,0	0,60	4.776,88 €
20	14,0	0,69	11.176,26 €	8,5	0,43	6.824,52 €	11,9	0,60	9.553,75 €
30	21,0	0,69	16.764,39 €	12,8	0,43	10.236,79 €	17,9	0,60	14.330,63 €
40	27,9	0,69	22.352,52 €	17,1	0,43	13.649,05 €	23,9	0,60	19.107,50 €
50	34,9	0,69	27.940,65 €	21,3	0,43	17.061,31 €	29,9	0,60	23.884,38 €
100	69,9	0,69	55.881,30 €	42,7	0,43	34.122,62 €	59,7	0,60	47.768,75 €
Konstante:	Forderungswert (EAD) = 1 Mio. € Ausfallwahrscheinlichkeit (PD) = 0,1%			Restlaufzeit (M) = 2,5 Jahre Jahresumsatz (S) = 20 Mio. €					

Tabelle 14: LGD-Auswirkung (Auszug)

Bemerkenswert ist, dass obwohl die Ausfallwahrscheinlichkeit als der zentrale Eingabeparameter der Risikogewichtsfunktion gilt, wirkt die LGD sogar stärker auf das Risikogewicht als die PD. Schließlich geht die LGD als konstanter Faktor in die Risikogewichtsfunktion ein.[241] So würde eine Verdopplung der PD ausgehend von 2% bei der Forderungsklasse „Unternehmen" mit den im *Unterabschnitt 4.2.1* gewählten Konstanten zu einer Erhöhung der Eigenkapitalanforderung von nur 21,5% führen. Wohingegen eine Verdopplung der LGD gleichzeitig zu einer Verdopplung der Eigenkapitalanforderungen führen würde.

IRBA-Unternehmen			IRBA-Unternehmen		
PD in%	Eigenkapital -anforderung	Veränderung in %	LGD in%	Eigenkapital -anforderung	Veränderung in %
2	97.396,39 €	21,5	20	11.176,26 €	200,0
4	118.362,16 €		40	22.352,52 €	
Konstante:	EAD = 1 Mio. € LGD = 45% M = 2,5 Jahre		Konstante:	EAD = 1 Mio. € PD = 0,1% M = 2,5 Jahre	

Tabelle 15: Sensitivitätsvergleich PD/LGD

Jedoch die Schlussfolgerung aus *Unterabschnitt 4.2.1*, dass insbesondere im niedrigen PD-Bereich die Eigenkapitalanforderung sensibel auf diesen zentralen Risikoparameter reagiert, relativiert die Erkenntnis, dass die LGD stärker wirkt.

Schließlich würde eine Verdopplung der PD ausgehend von 0,03% nun zu einer annähernden Veränderungsquote führen. Nun beträgt die Veränderungsquote nicht mehr 21,5% wie im vorherigen Beispiel, sondern 151,8%.

IRBA-Unternehmen			IRBA-Unternehmen		
PD in%	Eigenkapital -anforderung	Veränderung in %	LGD in%	Eigenkapital -anforderung	Veränderung in %
0,03	12.248,15 €	151,8	20	11.176,26 €	200,0
0,06	18.589,33 €		40	22.352,52 €	
Konstante:	EAD = 1 Mio. € LGD = 45% M = 2,5 Jahre		Konstante:	EAD = 1 Mio. € PD = 0,1% M = 2,5 Jahre	

Tabelle 16: Sensitivitätsvergleich PD/LGD (niedriger PD-Bereich)

Trotzdem bleibt festzuhalten, dass die LGD am stärksten die Eigenkapitalanforderung beeinflusst, weswegen die interne Schätzung der LGD und die damit geknüpfte Anwendung des

---

[241] Vgl. *Boos/Fischer/Schulte-Mattler*: KWG-Kommentar, 2012, S. 1881, Tz. 1.

fortgeschrittenen IRBAs, trotz der erhöhten Komplexität, ein geeignetes Mittel sein kann, um die Eigenkapitalquote zu verbessern.[242]

Allerdings belegen empirische Untersuchungen,[243] dass die in der Risikogewichtsfunktion verwendeten Parameter (PD und LGD) – nicht wie unterstellt – stochastisch unabhängig sind, sondern positiv miteinander korrelieren.[244]

Daraus lässt sich ableiten, dass – ohne Berücksichtigung von Sicherheiten – auch nur dann die Schätzung einer niedrigen Verlustquote möglich ist, wenn gleichzeitig eine niedrige Ausfallwahrscheinlichkeit vorliegt. Die Ausfallwahrscheinlichkeit impliziert also eine gewisse Erwartungshaltung an die LGD, so dass die interne Schätzung der LGD nur in Grenzen von dem Erwartungswert abweichen kann.[245]

Damit bleibt, trotz der gezeigten starken Beeinflussung auf die Eigenkapitalanforderung durch die LGD, im Grunde die PD als der zentrale Parameter für die Risikogewichtsfunktion.

4.2.3 Auswirkung der Restlaufzeit (M)

Dass nicht nur die PD und die LGD einen wesentlichen Einfluss auf die Eigenkapitalanforderung je nach Forderungsklasse nehmen können, zeigen die untere Abbildung und Tabelle, bei denen die Restlaufzeit (M) der untersuchte Parameter darstellt.

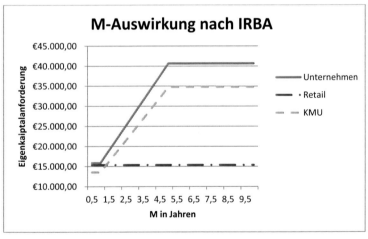

Abbildung 44: M-Auswirkung

---

[242] Vgl. *Deutsche Bundesbank*: 5. Auswirkungsstudie, 2006, S. 6.
[243] Vgl. *Boos/Fischer/Schulte-Mattler*: KWG-Kommentar, 2012, S. 1999, Tz. 37.
[244] Vgl. *Hartmann-Wendels/Pfingsten/Weber*: Bankbetriebslehre; 2010, S. 499.
[245] Vgl. *Deutsche Bundesbank*: 5. Auswirkungsstudie, 2006, S. 20.

Wie im *Unterabschnitt 3.4.4.1.3* erläutert, beeinflusst die Restlaufzeit nicht die Eigenkapitalanforderungen der „Retailforderungen", daher zeigt sich ein konstanter Verlauf der Eigenkapitalanforderungskurve. Im Gegensatz dazu weisen die Eigenkapitalanforderungs-Kurven der Forderungsklasse „Unternehmen" (inkl. Untergruppe „KMU"), wie bei der Verlustquote auch, einen linearen Verlauf auf.

Das liegt daran, dass der Restlaufzeitkorrekturfaktor (RKF) ebenfalls linear mit der Höhe der maßgeblichen Restlaufzeit steigt und somit entsprechend auch das Risikogewicht.[246]

Die untere Tabelle hebt allerdings hervor, dass bei M-Intervallen von 0 bis 1 Jahr und ab 5 Jahren die Forderungen durch Kreditrestlaufzeiten keinen Anpassungen unterliegen.

M in Jahren	IRBA-Unternehmen						IRBA-KMU		
	RW in%	Δ (≈RW')	Eigenkapital -Anforderung	RW in%	Δ (≈RW')	Eigenkapital -Anforderung	RW in%	Δ (≈RW')	Eigenkapital -Anforderung
0,5	19,8		15.832,18 €	19,2		15.355,18 €	16,9		13.533,75 €
1,0	19,8	0,0	15.832,18 €	19,2	0,0	15.355,18 €	16,9	0,0 €	13.533,75
1,5	23,7	7,8	18.936,98 €	19,2	0,0	15.355,18 €	20,2	6,6 €	16.187,81
2,0	27,6	7,8	22.041,78 €	19,2	0,0	15.355,18 €	23,6	6,6 €	18.841,88
4,5	47,0	7,8	37.565,80 €	19,2	0,0	15.355,18 €	40,1	6,6 €	32.112,19
5,0	50,8	7,8	40.670,60 €	19,2	0,0	15.355,18 €	43,5	6,6 €	34.766,26
5,5	50,8	0,0	40.670,60 €	19,2	0,0	15.355,18 €	43,5	0,0 €	34.766,26
10,0	50,8	0,0	40.670,60 €	19,2	0,0	15.355,18 €	43,5	0,0 €	34.766,26
Konstante:	Forderungswert (EAD) = 1 Mio. € Ausfallwahrscheinlichkeit (PD) = 0,1%			Verlustquote = 45% Jahresumsatz (S) = 20 Mio. €					

Tabelle 17: M-Auswirkung (Auszug)

Es fällt auf, dass insbesondere bei längeren Kreditrestlaufzeiten die „Retailforderungen" einen erheblichen Vorteil gegenüber den anderen Forderungsklassen aufweisen.

---

[246] Vgl. *Boos/Fischer/Schulte-Mattler*: KWG-Kommentar, 2010, S. 1889, Tz. 1.

4.2.4 Auswirkung der Unternehmensgröße (S)

Die Analyse des Parameters S ist nur für Forderungen, die der Forderungsklasse „Unternehmen" zugewiesen wurden und darüber hinaus die jeweiligen Kreditnehmer zu den kleinen und mittleren Unternehmen (gemessen am Jahresumsatz) zählen.

Die *Abbildung 45* verdeutlicht, dass je kleiner das Unternehmen ist, gegenüber dem das Kreditinstitut eine Forderung hat, desto niedriger ist die Eigenkapitalanforderung. Weißen die Schuldner einen Jahresumsatz von über 50 Mio. EUR auf, so können die Institute den größenabhängigen Abschlag nicht anwenden.

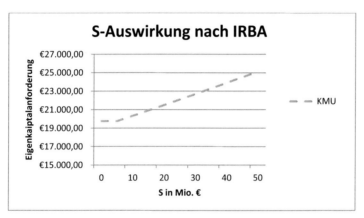

Abbildung 45: S-Auswirkung nach IRBA

Auch wenn die Grafik es vermuten lässt, so entspricht die Kurve nur annähernd einer Geraden, welches allerdings erst aus der Tabelle 18 anhand der Spalte „Δ" ersichtlich wird, in der die gezeigte Steigung nicht konstant ist.

	IRBA-KMU		
S in Mio. €	RW in%	Δ (≈RW')	Eigenkapital -Anforderung
0	24,7		19.756,23 €
5	24,7	0,0	19.756,23 €
10	25,4	0,14	20.329,83 €
15	26,1	0,15	20.909,73 €
20	26,9	0,15	21.495,94 €
25	27,6	0,15	22.088,48 €
30	28,4	0,15	22.687,36 €
35	29,1	0,15	23.292,59 €
40	29,9	0,15	23.904,19 €
45	30,7	0,15	24.522,19 €
50	31,4	0,16	25.146,59 €
Konstante:	EAD = 1 Mio. € PD = 0,1% Verlustquote = 45% Restlaufzeit = 2,5 Jahre		

Tabelle 18: S-Auswirkung

Diese Feststellung liegt daran, dass im Gegensatz zu der Verlustquote (LGD) und der Restlaufzeit (M), die beide direkt in der Risikogewichtsfunktion berücksichtigt werden, der größenabhängige Korrelationsabschlag (S_{KMU}) über den ökonomischen Faktor (R) zunächst in die VaR-Funktion zur Ermittlung des *unerwarteten* Verlusts (UL) fließt. Dadurch beeinflusst der größenabhängige Korrelationsabschlag nur indirekt das Risikogewicht und somit die Eigenkapitalanforderung.

4.2.5 Zusammenfassung

Die untere Tabelle fasst die Ergebnisse der Untersuchung des Einflusses von Risikoparameter auf die Eigenkapitalanforderungen zusammen.

Parameter	Unternehmen	Retail	KMU
PD	*KSA:* - EK-Anforderung sensibel bei Sprüngen an den Rating-Klassen (treppenförmiger Verlauf) - RW in%: 20,50,100,150 - bis Ratingstufe 2 besser als Retail	*KSA:* - EK-Anforderung ist vollkommen unabhängig von PD (keine Sensitivität) - RW in%: 75 - keine externe Bonitätsbeurteilung notwendig	*KSA:* - nicht vorhanden
	IRBA: - EK-Anforderung verläuft logarithmisch - RW besonders im niedrigen PD-Bereich sensibel - RW in%: „∞" - weniger sensibel als LGD		
	- EK-Anforderung höher als bei „Retail" und „KMU" - höchste Sensitivität der IRBA-Forderungsklassen	- niedrigste Eigenkapitalanforderung - niedrigste Sensitivität der IRBA-Forderungsklassen	- EK-Anforderung und Sensitivität höher als bei „Retail" und niedriger als bei „Unternehmen"
LGD	*Fortgeschrittener IRBA:* - EK-Anforderung verläuft linear (RW'$_{(LGD)}$ = RW'$_{(LGD+1)}$) - RW in%: „∞" - sehr sensibel im Vergleich zu den anderen Risikoparameter		
	- EK-Anforderung höher als bei „Retail" und „KMU" - höchste Sensitivität der IRBA-Forderungsklassen	- EK-Anforderung am niedrigsten - geringste Sensitivität der IRBA-Forderungsklassen	- EK-Anforderung und Sensitivität höher als bei „Retail" und niedriger als bei „Unternehmen"
M	*Fortgeschrittener IRBA:*		
	- EK-Anforderung verläuft linear (RW'$_{(M)}$ = RW'$_{(M+1)}$) - höchste Sensitivität der IRBA-Forderungsklassen - M-Intervall [1:5]	- EK-Anforderung ist vollkommen unabhängig von M (keine Sensitivität)	- EK-Anforderung verläuft linear (RW'$_{(M)}$ = RW'$_{(M+1)}$) - weniger sensibel als „Unternehmen" - M-Intervall [1:5]
S	*Fortgeschrittener IRBA:*		
	- nicht vorhanden	- nicht vorhanden	- EK-Anforderung verläuft annähernd linear (RW'$_{(S)}$ ≈ RW'$_{(S+1)}$) - S-Intervall [5:50]

Tabelle 19: Zusammenfassung: Einfluss Risikoparameter

4.3 Direkte Besicherung durch Garantien und Kreditderivate

Dieser Abschnitt der Analyse beschäftigt sich nun mit der Untersuchung des Einflusses von direkter Besicherung auf die Eigenkapitalanforderungen.

4.3.1 Begriffsabgrenzung: direkte und indirekte Besicherung

Unter der direkten Besicherung durch Garantien und Kreditderivate für die Zwecke dieser Untersuchung ist zu verstehen, dass die Gewährleistungen die Mindestanforderungen des *Unterabschnitts 3.5.3* erfüllen, so dass die Bank als Begünstigte die expliziten Berechnungsvorschriften des Kapitels „Kreditrisikominderung" des VO-Entwurfs nutzen kann.

Das Gegenstück hierzu ist die indirekte Besicherung, bei dem nicht das Kreditinstitut selbst der Begünstigte eines Garantiegeschäfts ist, sondern der Kreditnehmer.

Für diesen Fall, bei dem das Kreditinstitut indirekt von der Absicherung seines Schuldners profitiert, sieht der VO-Entwurf keine ausdrücklichen Berechnungsvorschriften vor. Dennoch kommt es, wie der anschließende *Abschnitt 4.4* skizziert, auch hier zu einer Beeinflussung der Risikominderung der Kreditinstitute und somit auch zu einer verminderten Eigenkapitalanforderung.

4.3.2 Auswirkung des Substitutionsansatzes

Für die Analyse des Substitutionsansatzes gelten die gleichen Risikoparameter wie zuvor, abgesehen von dem jeweiligen Untersuchungstatbestand.

Bei der Untersuchung der auf die Eigenkapitalanforderungen beeinflussenden Wirkung von Garantien und Kreditderivate wird dem Sicherungsgeber ein Rating bis zu der Klasse 3 eingeräumt, obwohl der VO-Entwurf von dem Gewährleistungsgeber eine Bonität verlangt, die der Rating-Klasse 2 entspricht (siehe *Unterabschnitt 3.5.3.1*).

Dennoch ist es für die folgende Analyse zweckdienlich den Kreis der berücksichtigungsfähigen Gewährleistungsgeber zu erweitern. Schließlich können durch größere Untersuchungsintervalle Tendenzen deutlicher herausgestellt werden, und die bankaufsichtsrechtlichen Regulierungen werden ständig angepasst, so dass es durchaus zu einer Erweiterung des berücksichtigungsfähigen Gewährleistungsgeberkreis kommen kann.

4.3.2.1 Begriffsabgrenzung für die Analyse

Unter den in der nachstehenden Untersuchung verwendeten Begriffe, versteht die Analyse folgendes:

Begriff / [Abkürzung]	Beschreibung	Berechnung
Ausgangssituation [EK_{ohne} bzw. EK_{KN}]	Eigenkapitalanforderung ohne Besicherung	$EK_{ohne} = EK_{(PD_{KN})}$
Situation mit Besicherung [EK_{mit} bzw. EK_{SG}]	Eigenkapitalanforderung mit Besicherung	$EK_{mit} = EK_{(PD_{SG})}$
PD-Abweichung [ΔPD]	PD-Reduzierung durch Substitution	$\Delta PD = PD_{KN} - PD_{SG}$
Eigenkapitalentlastung (ΔEK)	Differenz aus *Situation mit Besicherung* und *Ausgangssituation*	$\Delta EK = EK_{ohne} - EK_{mit}$
Absolutes Verbesserungspotential (je Forderungsklasse) [Abs. VP bzw. $\sum$]	Summe aller potentiellen Eigenkapitalentlastungen einer Forderungsklasse	$\sum_{i=0,03\ j=0,03}^{i=1,50\ j=1,50} \Delta EK_{ij}$ i: PD des KN in% j: PD des SG in%
Relative Verbesserungsquote (je Forderungsklasse) [Rel. VQ]	Verhältnis von *absoluten Verbesserungspotential* zu *Ausgangssituation* einer gesamten Forderungsklasse	$Rel.VQ = \dfrac{Abs.VP}{EK_{ohne}}$
Absolutes Optimierungspotential (je Forderung) [Abs. OP]	Eigenkapitalentlastung einer einzelnen Forderung	$\Delta EK = EK_{ohne} - EK_{mit}$
Relatives Optimierungspotential (je Forderung) [Rel. OP]	Verhältnis von *Absoluten Optimierungspotential* zu Differenz aus PD_{KN} und PD_{SG}	$Rel.OP = \dfrac{Abs.OP}{\Delta PD}$ ΔPD wird mit 0,25% festgelegt

Tabelle 20: Begriffsabgrenzung für Analyse

4.3.2.2 Beeinflussung der Eigenkapitalanforderung im KSA

Der Substitutionsansatz im KSA bewirkt einen Austausch des Risikogewichts des Kreditnehmers mit dem des Sicherungsgebers. Dieser Austausch ist natürlich nur dann sinnvoll, wenn das Risikogewicht des Sicherungsgebers kleiner ist, als des Schuldners.

In den folgenden Untersuchungen soll zum einen gezeigt werden, wann eine Besicherung durch Garantien und Kreditderivate überhaupt einen Einfluss auf die Eigenkapitalanforderungen des Kreditinstituts nimmt und zum anderen in welcher Höhe die Beeinflussung bzw. die Eigenkapitalentlastung ausfällt.

Da für die Ermittlung des Risikogewichts des Sicherungsgebers die Forderungsklasse entscheidend ist, soll angenommen werden, dass der Gewährleistungsgeber der KSA-Forderungsklasse „Unternehmen" zugewiesen wird. Diese Zuweisung ist nicht untypisch, wenn man bedenkt, dass sogar Versicherungsgesellschaften, die sich auf den Einkauf von Risiken spezialisiert haben, der Forderungsklasse „Unternehmen" zugewiesen werden.

Gleichzeitig erfüllen Versicherungsgesellschaften in der Regel auch nicht die Kriterien, um als Sicherungsgeber den „Retailforderungen" zugeordnet zu werden (wegen der Vorteile der Diversifikation, die mit steigender Unternehmensgröße zunimmt).

4.3.2.2.1 Kreditnehmer: Forderungsklasse „Unternehmen"

Als erstes werden die Auswirkungen von Absicherungsinstrumenten, wie Garantien und Kreditderivate, bei den Kreditnehmern der Forderungsklasse „Unternehmen" untersucht.

Da es nahezu „unendlich" verschiedene PD-Konstellationen des Kreditnehmers und des Sicherungsgebers gibt, werden jeweils nur 7 Ausfallwahrscheinlichkeiten miteinander gegenübergestellt. Aber insbesondere im KSA ist diese Anzahl von Fällen mehr als ausreichend, da im PD-Bereich bis 1,50%, welches noch in der Rating-Klasse 3 liegt, sowieso nur insgesamt 3 unterschiedliche Risikogewicht vorliegen können.

Die untere Tabelle zeigt eine Gegenüberstellung von mehreren PDs des Kreditnehmers und einer festgesetzten Ausfallwahrscheinlichkeit des Sicherungsgebers mit 0,03%, was hier einem Risikogewicht von 20% entspricht.

Ausfallwahrscheinlichkeit des Sicherungsgebers (PD des SG): 0,03% →RW=20%			
PD des Kreditnehmers in% (Risikogewicht)	Eigenkapitalanforderung		
	Ohne Besicherung / (Besicherung nicht sinnvoll)	Mit (sinnvoller) Besicherung	Entlastung (ΔEK)
0,03% (20%)	16.000 €		
0,25% (50%)	40.000 €	16.000 €	24.000 €
0,50% (50%)	40.000 €	16.000 €	24.000 €
0,75% (100%)	80.000 €	16.000 €	64.000 €
1,00% (100%)	80.000 €	16.000 €	64.000 €
1,25% (100%)	80.000 €	16.000 €	64.000 €
1,50% (100%)	80.000 €	16.000 €	64.000 €

Tabelle 21: Substitutionsansatz im KSA: „Forderungen an Unternehmen" eines SG mit PD 0,03%

Aus der Tabelle ist zu entnehmen, dass eine Besicherung nur dann sinnvoll ist, wenn das Risikogewicht des Kreditnehmers größer ist, als das des Sicherungsgebers. In diesem Auszug liegt es bei einer PD des Kreditnehmers ab 0,25% vor und entspräche einer Eigenkapitalentlastung von 24.000 €, bei sonst gleichen Parametern (bspw. E = 1 Mio. EUR). Ab einem Risikogewicht von 100% läge die Minderung der Eigenkapitalanforderung für das Kreditinstitut durch die Besicherung sogar bei 64.000 €.

Die untere Abbildung veranschaulicht die Ergebnisse für die PD-Konstellation, bei der die Ausfallwahrscheinlichkeit des Sicherungsgebers bei 0,03% liegt. Dabei zeigt die horizontale Achse die PD des Kreditnehmers in% und die vertikale Achse die erzielte Eigenkapitalentlastung.

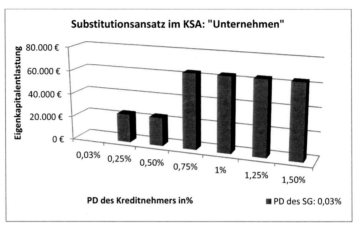

Abbildung 46: Substitutionsansatz im KSA: "Forderungen an Unternehmen" eines SG mit PD 0,03%

Aus der obigen Abbildung ist deutlich zu erkennen, dass je geringer die Ausfallwahrscheinlichkeit (bzw. das Risikogewicht) des Kreditnehmers ist, desto größer ist die eigenkapitalentlastende Wirkung von Garantien und Kreditderivate und desto größer ist das absolute Optimierungspotential.

$$\uparrow \Delta EK = \uparrow Abs.OP = \uparrow EK_{KN_{(RW)}}$$

Das bedeutet, wenn das Kreditinstitut einzelne Kredite besichern möchte, stellt sich das größtmögliche Optimierungspotential bei den Forderungen ein, die dem höchsten Risikogewicht obliegen.

Allerdings zeigt diese Abbildung nur die Reihe, bei dem der Sicherungsgeber einer PD von 0,03% unterliegt. Daher weist die *Tabelle 22* auf Seite 97 sechs weitere PD-Konstellationen auf, in der die Ausfallwahrscheinlichkeiten des Sicherungsgebers mit denen des Kreditnehmers gegenübergestellt werden.

Im Grunde kann man diese Tabelle als ein Forderungsportfolio der Forderungsklasse „Unternehmen" auffassen, deren Kredite unterschiedlichen Ausfallwahrscheinlichkeiten unterliegen und mit potentiellen Sicherungsgebern gegenübergestellt werden, die wiederum verschiedene PDs aufweisen.

Bei den leeren Zellen handelt es sich um PD-Konstellationen, bei denen eine Besicherung keine Beeinflussung auf die Eigenkapitalanforderung nimmt. Die gelb markierten Zellen wiederum geben den Wert der Eigenkapitalentlastung an ($\Delta EK = EK_{ohne} - EK_{mit}$)

Die Vorletzte Zeile der Tabelle stellt in den grau markierten Zellen, die Eigenkapitalanforderung der Ausgangssituation dar, also ohne die Berücksichtigung von Garantien und Kreditderivate.

Eigenkapitalentlastung im KSA in € „Unternehmen"		PD des Kreditnehmers in% (Risikogewicht)						
		0,03 (20%)	0,25 (50%)	0,50 (50%)	0,75 (100%)	1,00 (100%)	1,25 (100%)	1,50 (100%)
PD des Sicherungsgebers (SG)	1,50%	-	-	-	-	-	-	-
	1,25%	-	-	-	-	-	-	-
	1,00%	-	-	-	-	-	-	-
	0,75%	-	-	-	-	-	-	-
	0,50%	-	-	-	40.000	40.000	40.000	40.000
	0,25%	-	-	-	40.000	40.000	40.000	40.000
	0,03%	-	24.000	24.000	64.000	64.000	64.000	64.000
EK-Anforderung (EK_{ohne})		16.000	40.000	40.000	80.000	80.000	80.000	80.000
		Summe Ausgangssituation: 416.000 €						
Σ = 624.000 €		rel. VQ = 1,50		μ = 12.735 €		σ = 33.809 €		

Tabelle 22: Substitutionsansatz im KSA: "Forderungen an Unternehmen"

Zusätzlich enthält die Tabelle in der untersten Zeile Angaben zu der Summe der Eigenkapitalentlastung (Σ), der relativen Verbesserungsquote (rel. VQ), den Mittelwert aller Werte aus den weißen und gelben Zellen (μ), sowie die resultierende Standardabweichung (σ) aller Zellen. Diese Angaben werden in der weiteren Analyse genauer beschrieben und werden hilfreich sein mittels Vergleiche mit anderen Forderungsklassen charakteristische Merkmale aufzudecken.

Erweitert man nun die *Abbildung 46* auf Seite 96 um die Reihen aus der *Tabelle 22* erkennt man in der unteren Darstellung deutlich, dass nicht nur die Höhe des Ausfallwahrscheinlichkeit des Kreditnehmers einen Einfluss auf das absolute Optimierungspotential nimmt, sondern ebenso die Ausfallwahrscheinlichkeit des Sicherungsgebers.

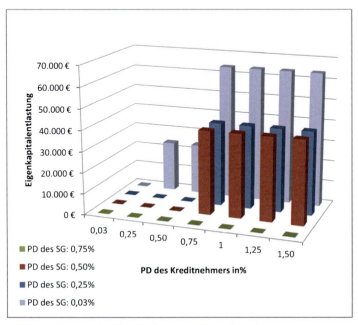

Abbildung 47: Substitutionsansatz im KSA: "Forderungen an Unternehmen"

Der Vergleich zwischen den unterschiedlichen Reihen des Sicherungsgebers zeigt, dass je kleiner die Ausfallwahrscheinlichkeit bzw. Risikogewicht des Sicherungsgebers ist, desto größer ist die eigenkapitalentlastende Wirkung.

$$\uparrow \Delta EK = \uparrow Abs.OP = \downarrow EK_{SG_{(RW)}}$$

Ab einer PD des Sicherungsgebers von 0,75% liegt keine positive Beeinflussung der Eigenkapitalanforderung mehr vor.

Stellt man also nun die beiden Erkenntnisse gegenüber, liegt das Maximum der zu erreichenden Eigenkapitalentlastung dort, wo das Risikogewicht des Kreditnehmers am höchsten ist und wo das Risikogewicht des Sicherungsgebers am geringsten ist.

$$\Delta EK_{max} = Abs.OP_{max} = EK_{KN_{(RW_{max})}} - EK_{SG_{(RW_{min})}}$$

In der Sensitivitätsanalyse des Unterabschnitts zum KSA ist gezeigt worden, dass die Eigenkapitalanforderungen an manchen Punkten extrem sensibel auf PD-Veränderung reagieren (siehe Spalte „Δ" in der Tabelle 11 auf Seite 80), insbesondere an den Punkten (PD: 0,50 | RW: 50,0) und (PD: 0,75 | RW: 100,0) liegt eine Steigung von 200 $RW/_{PD\ in\%}$ vor und an manchen Punkten wiederum keine Steigung, was zu dem abgebildeten treppenförmigen Verlauf führt.

So könnte eine festgelegte PD-Abweichung von Kreditnehmer zu Sicherungsgeber von nur 0,25% an den soeben erwähnten Punkten das Risikogewicht von 100% auf 50% reduzieren, was einer Eigenkapitalentlastung von 40.000 € entspräche. Und genau hier stellt sich auch das Maximum des relativen Optimierungspotentials ein.

Dieser Wert drückt aus, wie stark die Eigenkapitalentlastung bei PD-Abweichung zwischen Kreditnehmer und Sicherungsgeber in diesem Punkt ausfällt.

$$rel.OP_{(0,75\%)} = \frac{abs.OP}{(PD_{KN} - PD_{SG})} = \frac{40.000\ €}{0,75\% - 0,50\%} = 160.000\ €/_{PD\ in\%}$$

Bei anderen PD-Konstellationen, bei denen der Sicherungsgeber ebenfalls eine niedrigere PD als der Kreditnehmer aufweist, kommt es zu keiner Eigenkapitalentlastung, weil beide noch dasselbe Risikogewicht aufweisen.

Beispielsweise würde bei der festgelegten PD-Abweichung von 0,25% im Punkt (PD_{KN}: 1,00 | RW: 100,0), wie aus der Tabelle zu entnehmen ist, keine Eigenkapitalentlastung erreicht werden können.

$$rel.OP_{(1,00\%)} = \frac{abs.OP}{(PD_{KN} - PD_{SG})} = \frac{0\ €}{1,00\% - 0,75\%} = 0\ €/_{PD\ in\%}$$

Für das Kreditinstitut ist es somit nicht zwangsläufig entscheidend, wie weit die Ausfallwahrscheinlichkeit des Schuldners von der des Sicherungsgebers liegt, sondern vielmehr, dass die Risikogewichte des Sicherungsgebers niedriger sind, als die des Kreditnehmers.

Da es in den meisten PD-Intervallen zu keiner Veränderung der Eigenkapitalentlastung bei einer vorgeschriebenen ΔPD-Änderung von 0,25 kommt, ist im KSA bei der Forderungsklasse „Unternehmen" das relative Optimierungspotential in der Regel null.

Wohingegen an einigen PD-Intervallen extreme Entlastungen zu erwarten sind, nämlich dort, wo es zu einem unmittelbaren Wechsel in eine andere Rating-Klasse kommt.

Folglich sollten Institute die Kredite absichern, die sich soeben in der höheren Rating-Klasse befinden. Da hier das größte relative Optimierungspotential vorliegt.

Betrachtet man nun das gesamte Forderungsportfolio mit der gewählten Gegenüberstellung zu Sicherungsgebern, so ergibt sich eine gesamte Eigenkapitalentlastung von $\sum$ = 624.000 €

(siehe Tabelle 22 auf Seite 97), welche wie im weiteren Verlauf gezeigt wird, den höchsten Wert aller untersuchten Forderungsklassen und Verfahren einnimmt.

Diese Eigenkapitalentlastung kann man als ein absolutes Verbesserungspotential einer gesamten Forderungsklasse auffassen.

Um den Aussagegehalt des absoluten Verbesserungspotentials (abs. VP) zu erhöhen, bietet es sich an diesen Wert ins Verhältnis zu der Ausgangssituation zu setzen (= relative Verbesserungsquote, hier: 1,50).

Schließlich zeigte der *Abschnitt 4.2*, dass die Höhe der Eigenkapitalanforderung zwischen den Verfahrensansätzen und Forderungsklassen divergieren. Wenn die Eigenkapitalanforderung der Forderungsklasse „Unternehmen" größer ist, als die Eigenkapitalanforderung der Forderungsklasse „KMU" oder „Retail", so liegt es nahe anzunehmen, dass bei „Unternehmen" das höchste Verbesserungspotential vorliegt. Eine Verhältniszahl von absolutem Verbesserungspotential zu Ausgangssituation gibt demnach an, wie hoch die verhältnismäßige Entlastung zu der Ausgangssituation ist.

Hieraus lässt sich also ableiten, dass nicht zwangsläufig die Forderungsklasse, welche die höchste Eigenkapitalanforderung verursacht, gleichzeitig die Forderungsklasse ist, die den größten Einfluss auf die Eigenkapitalanforderung durch Besicherung mit Garantien und Kreditderivate nimmt.

Wichtig an dieser Stelle ist jedoch der Hinweis, dass die Ausgangssituation nur sieben PD-Konstellationen des Kreditnehmers berücksichtigt, wohingegen die Summe der Eigenkapitalentlastung noch eine siebenfache Gegenüberstellung zum Sicherungsgeber berücksichtigt. Aus diesem Grund stellt sich sogar eine größere Eigenkapitalentlastung dar (rel. VQ = 1,5), als die Eigenkapitalforderung einer unbesicherten Forderungsklasse.

Auf eine mit dem Faktor 7 angepasste $\sum$ kann jedoch verzichtet werden, weil im weiteren Verlauf eine stringente Berechnung der rel. VQ erfolgt, so dass Vergleiche zwischen Forderungsklassen und Verfahren ohne Anpassung ebenso zielführend sind.

4.3.2.2.2 Kreditnehmer: Forderungsklasse „Retail"

Handelt es sich bei der Forderung um einen Kredit, der zu den „Retailforderungen" zählt, zeigt sich ein homogenes Bild im Vergleich zu Forderungen an Unternehmen. Lediglich in zwei Fällen kommt es nun zu einer Eigenkapitalentlastung. Es handelt sich hierbei um die Ausfallwahrscheinlichkeiten des Sicherungsgebers, die zu einer Rating-Klasse von 1 oder 2 führen. In allen anderen Konstellationen lohnt sich die Besicherung für das Kreditinstitut nicht.

Eigenkapitalentlastung im KSA in € „Retail"		PD des Kreditnehmers in% (Risikogewicht)						
		0,03 (75%)	0,25 (75%)	0,50 (75%)	0,75 (75%)	1 (75%)	1,25 (75%)	1,50 (75%)
PD des Sicherungsgebers (SG)	1,50%	-	-	-	-	-	-	-
	1,25%	-	-	-	-	-	-	-
	1%	-	-	-	-	-	-	-
	0,75%	-	-	-	-	-	-	-
	0,50%	20.000	20.000	20.000	20.000	20.000	20.000	20.000
	0,25%	20.000	20.000	20.000	20.000	20.000	20.000	20.000
	0,03%	44.000	44.000	44.000	44.000	44.000	44.000	44.000
EK-Anforderung (ohne Besicherung)		60.000	60.000	60.000	60.000	60.000	60.000	60.000
		Summe Ausgangssituation: 420.000 €						
$\sum$ = 588.000 €		rel. VQ = 1,40		μ = 12.000 €		σ = 25.299 €		

Tabelle 23: Substitutionsansatz im KSA: "Retail"

Außerdem fällt die Eigenkapitalentlastung unabhängig von der PD des Kreditnehmers stetig gleich aus. Diese Erkenntnis deckt sich also mit dem Ergebnis aus der Sensitivitätsanalyse. Hier wurde gezeigt, dass die Eigenkapitalanforderung nicht durch die Ausfallwahrscheinlichkeit des Kreditnehmers beeinflusst wird, sondern pauschal ein Risikogewicht von 75% erhält, was einer Steigung bzw. einem Ableitungswert in allen Punkten von Null entspricht ($RW'_{(PD)} = 0$).

Für die Zwecke der Reduzierung der Eigenkapitalanforderungen ist es aus diesem Grund für das Kreditinstitut nicht notwendig das „Retailportfolio" hinsichtlich des absoluten Optimierungspotentials einzelner Forderungen zu untersuchen. Aus diesem Grund würde eine pauschale Besicherung aller Retailforderungen durch einen Gewährleistungsgebers (mit einer Rating-Klasse von 1 oder 2) zu einer effizienten Besicherung führen.

Die untere Abbildung visualisiert die Werte aus der *Tabelle 23* auf Seite 101 und unterstreicht die herausgestellten Erkenntnisse, dass die eigenkapitalentlastende Wirkung durch

Garantien und Kreditderivate bei der Forderungsklasse „Retail" im KSA **allein** von der Ausfallwahrscheinlichkeit des Sicherungsgebers bzw. präziser von der Rating-Klasse des SGs abhängt und nicht wie zuvor, wo die PD ebenfalls die Höhe der Eigenkapitalentlastung beeinflusst hat.

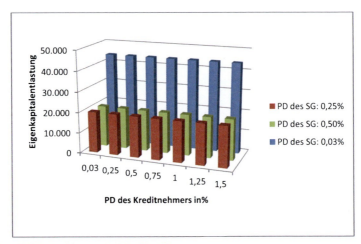

Abbildung 48: Substitutionsansatz im KSA: "Retail"

Die eingangs im Vergleich zu der Forderungsklasse „Unternehmen" erwähnte Einheitlichkeit bei der Eigenkapitalentlastung zeigt sich nicht nur anhand der obigen Abbildung, sondern lässt sich mit Hilfe der Standardabweichung σ genau beziffern. Diese ist mit einer σ von ~25 T€ deutlich niedriger als bei Krediten der Forderungsklasse „Unternehmen", welche eine σ von ~34 T€ aufweisen.

Dabei gibt die Standardabweichung an, wie ungleichmäßig die Eigenkapitalentlastung in dem exemplarischen Forderungsportfolio ausfällt und liefert gleichzeitig einen Hinweis, wie erfolgsversprechend eine Untersuchung von Optimierungspotentialen einzelner Forderungen ist. Wenn die eigenkapitalentlastende Wirkung bei Forderungen mit unterschiedlicher PD etwa gleichmäßig um den Mittelwert der Eigenkapitalentlastung des Portfolios liegen, so kann eine pauschale Besicherung akzeptiert werden.

Beispielsweise würde die Besicherung einer Retailforderung mit einer PD von 0,03% durch einen Gewährleistungsgeber ($PD_{SG} = 0,03\%$) zu einer Reduzierung der Eigenkapitalanforderungen von 44 T€ führen. Die gleiche Eigenkapitalentlastung würde das Kreditinstitut jedoch auch erreichen, wenn es eine Retailforderung besichern würde, die eine Ausfallwahrscheinlichkeit von 1,50% aufweist.

Für die Zwecke der Beeinflussung der Eigenkapitalanforderungen macht es für das Kreditinstitut also keinen Unterschied, ob eine Forderung mit hoher oder niedriger PD besichert werden würde.

Weist die Standardabweichung hingegen eine hohe Ungleichmäßigkeit der Eigenkapitalentlastung auf, wie es bei „KSA-Unternehmen" der Fall war, sollte die Bank die Kredite einer Forderungsklasse identifizieren, welche ein hohes, absolutes Optimierungspotential verfügen. Allein im PD-Intervall der Forderungsklasse „Unternehmen" von 0,75% bis 1,50% (was vier von sieben Krediten des Forderungsportfolios entspricht) können die Institute durch einen Gewährleistungsgeber (PD_{SG} = 0,03%) eine Eigenkapitalentlastung von 256 T€ erreichen, was mehr als 84% des bei diesem Gewährleistungsgeber resultierenden Gesamtpotentials von 304 T€ entspräche.

Somit kann man die Standardabweichung σ als ein Maß ansehen, welches angibt wie zielführend eine genaue Untersuchung der Forderungsklasse auf einzelne Optimierungspotentiale ist, um dadurch die Forderungen zu identifizieren, für die eine Besicherung den größten Einfluss auf die Eigenkapitalanforderung nimmt.

Möchte das Kreditinstitut heraus finden, wie hoch das Verbesserungspotential insgesamt einer Forderungsklasse ist, liefert die Summe aller möglichen Eigenkapitalentlastungen der aufgeführten Auskunft.

Wie bereits erwähnt liegt das absolute Verbesserungspotential in der Forderungsklasse „Unternehmen" bei 624 T€, wohingegen das Retailportfolio den Wert $\sum$= 588 T€ aufweist. Das resultiert aber unter anderen daraus, dass die Eigenkapitalanforderungen bereits in der Ausgangssituation bei „Unternehmen" größer waren. Um nun einen sinnvollen Vergleich zu geben, liefert die relative Verbesserungsquote eine aussagekräftige Auskunft.

Aber auch hier zeigt sich, dass nicht nur das absolute Verbesserungspotential der Forderungsklasse „Unternehmen" höher ist als bei „Retailforderungen", sondern auch die rel. VQ („Unternehmen": 1,50, „Retail": 1,40).

Und wenn man nun auch noch berücksichtigt, dass auf Kreditebene bei „Forderungen an Unternehmen" an bestimmten PD-Punkten sogar extreme Veränderungen der Eigenkapitalanforderungen möglich sind, wird die hervorzuhebende Bedeutung der Forderungsklasse „Unternehmen" bei KSA-Instituten zur effizienten Beeinflussung der Eigenkapitalanforderungen für das Kreditinstitut durch Besicherung deutlich.

4.3.2.3 Beeinflussung der Eigenkapitalanforderung im IRBA

Im Gegensatz zum KSA wird im IRBA nicht das Risikogewicht des Schuldners mit dem des Sicherungsgebers ersetzt, sondern unmittelbar die Ausfallwahrscheinlichkeit. Das hat wiederum zur Folge, dass die Zuordnung des Sicherungsgebers einer Forderungsklasse im IRBA nicht relevant ist. Denn hier wird allein auf den Austausch der PD abgestellt und nicht auf das Risikogewicht, welches die Einteilung der Forderungsklasse verlangt.

Außerdem wird nun die Eigenkapitalbeeinflussung durch Garantien und Kreditderivate nicht nur bei den beiden Forderungsklassen „Unternehmen" und „Retail" untersucht, sondern auch bei „KMU" (Untergruppe der Forderungsklasse „Unternehmen").

4.3.2.3.1 Kreditnehmer: Forderungsklasse „Unternehmen"

Die untere Abbildung zeigt wie beim KSA, dass je höher die Ausfallwahrscheinlichkeit des Kreditnehmers ist, desto größer ist das absolute Optimierungspotential für das Kreditinstitut eine eigenkapitalentlastende Wirkung durch die Besicherung mit Gewährleistungen zu erzielen (hier am Beispiel eines Sicherungsgebers mit einer PD von 0,03%).

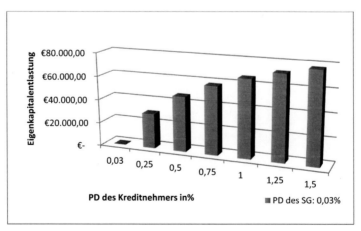

Abbildung 49: Substitutionsansatz im IRBA: „Forderungen an Unternehmen" eines SG mit PD 0,03%

Im Gegensatz zu den Abbildungen beim KSA, bei denen die Eigenkapitalentlastung entweder sich gar nicht verändert hat oder an bestimmten Punkten sogar abrupt anstieg, zeigt die obige Abbildung nun einen stetig steigenden Verlauf bei der Eigenkapitalentlastung und deckt sich also mit den logarithmisch-steigenden Eigenkapitalanforderungskurven im IRBA.

Im Rahmen der Sensitivitätsanalyse wurde anhand der Spalte „Δ" in der *Tabelle 12* auf Seite 82 gezeigt, dass je kleiner die Ausfallwahrscheinlichkeit ist, desto größer ist die Sensitivität bei PD-Veränderung. Projiziert man diese Erkenntnis nun auf die Wirkung von Garantien und Kreditderivate, so kann man hieraus ableiten, dass insbesondere eine große, relative Eigenkapitalentlastung im niedrigen PD-Bereich erzielt wird (rel. OP).

Diese Behauptung soll mit Hilfe der unteren Tabelle anhand eines Zahlenbeispiels unter Beweis gestellt werden.

Eigenkapitalentlastung im IRBA in € „Unternehmen"		PD des Kreditnehmers in% (Risikogewicht)						
		0,03 (15%)	0,25 (52%)	0,50 (74%)	0,75 (88%)	1 (98%)	1,25 (106%)	1,50 (112%)
PD des Sicherungsgebers (SG)	1,50%	-	-	-	-	-	-	-
	1,25%	-	-	-	-	-	-	5.027
	1%	-	-	-	-	-	6.232	11.258
	0,75%	-	-	-	-	8.089	14.321	19.347
	0,50%	-	-	-	11.165	19.254	25.486	30.512
	0,25%	-	-	17.089	28.244	36.333	42.564	47.591
	0,03%	-	29.704	46.783	57.948	66.037	72.268	77.295
EK-Anforderung (ohne Besicherung)		*12.248*	*41.952*	*59.031*	*70.196*	*78.285*	*84.516*	*89.543*
		Summe Ausgangssituation: 435.771 €						
Σ = 672.534 €		rel. VQ = 1,54		μ = 13.725 €			σ = 27.694 €	

Tabelle 24: Substitutionsansatz im IRBA: "Unternehmen"

Unterliegt der Kreditnehmer einer Ausfallwahrscheinlichkeit von 1,50% und der Sicherungsgeber von 1,25%, so läge die Eigenkapitalentlastung bei 5.027 €. Reduziert man hingegen beide Ausfallwahrscheinlichkeiten des Kreditnehmers und des Sicherungsgebers um jeweils 0,25%, so läge die Eigenkapitalentlastung sogar bei 6.232 € (PD_{KN} = 1,25%, PD_{SG} = 1%).

$$rel.OP_{(1,50\%)} = \frac{abs.OP}{(PD_{KN} - PD_{SG})} = \frac{5.027\ €}{1,50\% - 1,25\%} = 20.108\ €/_{PD\ in\%}$$

$$rel.OP_{(1,25\%)} = \frac{abs.OP}{(PD_{KN} - PD_{SG})} = \frac{6.232\ €}{1,25\% - 1,00\%} = 24.928\ €/_{PD\ in\%}$$

Folglich stehen die absoluten und die relativen Optimierungspotentiale einzelner Kredite in einem Spannungsfeld: Je höhe die Ausfallwahrscheinlichkeit des Schuldners ist, desto größer ist die mögliche Eigenkapitalentlastung dieser Forderung (= absolutes Optimierungspotential), aber desto geringer ist die verhältnismäßige Eigenkapitalentlastung. Dieses Spannungsfeld wird anhand der unteren Abbildung skizziert.

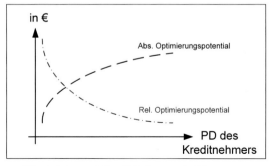

Abbildung 50: Spannungsfeld: absolutes zu relatives Optimierungspotential

Das absolute Optimierungspotential nimmt mit zunehmender Ausfallwahrscheinlichkeit des Kreditnehmers logarithmisch zu, wohingegen das relative (korrespondierend zu den RW) logarithmisch abnimmt.

Wie die *Tabelle 24* und die darauf basierende *Abbildung 51* zeigen, kommt es immer dann zu einer Eigenkapitalentlastung im IRBA, sobald die $PD_{SG} < PD_{KN}$ ist.

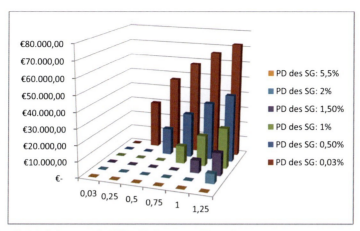

Abbildung 51: Substitutionsansatz im IRBA: Forderungen an Unternehmen

Im KSA gab es dagegen PD-Konstellationen, bei denen die Ausfallwahrscheinlichkeit des Sicherungsgebers zwar niedriger war als die des Kreditnehmers, es allerdings aufgrund von gleicher Rating-Klasse nicht zu einer Eigenkapitalentlastung gekommen ist.

4.3.2.3.2 Kreditnehmer: Forderungsklasse „Retail"

Wegen der im *Unterabschnitt 4.2.1* gezeigten Parallelen zu den Kurvenverläufen von IRBA-Forderungsklassen werden nachfolgend lediglich die Datentabellen und die Rückschlüsse hieraus dargestellt und nicht die Abbildungen, welche im Grunde ein identisches Bild abgeben würden.

Eigenkapitalentlastung im IRBA in € „Retail"		PD des Kreditnehmers in% (Risikogewicht)						
		0,03 (8%)	0,25 (35%)	0,50 (52%)	0,75 (64%)	1 (72%)	1,25 (78%)	1,50 (83%)
PD des Sicherungsgebers (SG)	1,50%	-	-	-	-	-	-	-
	1,25%	-	-	-	-	-	-	3.813
	1%	-	-	-	-	-	4.884	8.697
	0,75%	-	-	-	-	6.485	11.369	15.183
	0,50%	-	-	-	9.034	15.519	20.404	24.217
	0,25%	-	-	13.650	22.684	29.169	34.054	37.867
	0,03%	-	21.917	35.567	44.601	51.086	55.970	59.784
EK-Anforderung (ohne Besicherung)		6.284	28.201	41.851	50.885	57.370	62.254	66.068
		Summe Ausgangssituation: 312.913 €						
$\sum$ = 525.954 €		rel. VQ = 1,68		μ = 10.734 €			σ = 21.733 €	

Tabelle 25: Substitutionsansatz im IRBA: "Retail"

Bei den „Retailforderungen" ist erkennbar, dass diese im Vergleich zu „Forderungen an Unternehmen" ein niedrigeres, absolutes Verbesserungspotential aufweisen. Zumindest liegt die Summe der exemplarischen Eigenkapitalentlastungen bei ~526 T€, wohingegen die Forderungen an Unternehmen ein Entlastungspotential von insgesamt ~673 T€ aufweisen.

Allerdings weisen die „Retailforderungen" im Gegensatz zu den „Forderungen an Unternehmen" eine höhere relative Verbesserungsquote auf, nämlich 1,68 zu 1,54, so dass die verhältnismäßige Entlastung bei den „Retailforderungen" größer ist, als bei den „Unternehmen" und liefert hier ein anderes Bild als im KSA.

Verwunderlich ist es trotzdem, warum insbesondere Garantien und Kreditderivate bei den „Retailforderungen" eine verhältnismäßig hohe Eigenkapitalentlastung im IRBA bewirken, wo doch die Sensitivitätsanalyse ergeben hat, dass die „Retailforderungen" am wenigsten auf PD-Änderungen reagieren. Offenbar lässt die Sensitivität einer Forderungsklasse keine direkte Schlussfolgerung zu, wie die verhältnismäßige Eigenkapitalentlastung zur Ausgangssituation einer gesamten Forderungsklasse ausfällt (= rel. VQ), sondern nur wie hoch das relative Optimierungspotential einzelner Forderungen in dieser Forderungsklasse ausfällt (rel. OP).

4.3.2.3.3 Kreditnehmer: Forderungsklasse „KMU"

Eigenkapitalentlastung im IRBA in € „KMU"		PD des Kreditnehmers in% (Risikogewicht)						
		0,03 (13%)	0,25 (45%)	0,50 (63%)	0,75 (75%)	1 (84%)	1,25 (90%)	1,50 (95%)
PD des Sicherungsgebers (SG)	1,50%	-	-	-	-	-	-	-
	1,25%	-	-	-	-	-	-	4.100
	1%	-	-	-	-	-	5.160	9.260
	0,75%	-	-	-	-	6.797	11.957	16.057
	0,50%	-	-	-	9.501	16.298	21.458	25.558
	0,25%	-	-	14.662	24.163	30.960	36.120	40.220
	0,03%	-	25.508	40.170	49.671	56.468	61.628	65.728
EK-Anforderung (ohne Besicherung)		10.443	35.951	50.613	60.114	66.911	72.071	76.171
		Summe Ausgangssituation: 372.272 €						
Σ = 571.444 €		rel. VQ = 1,54		μ = 11.662 €			σ = 23.495 €	

Tabelle 26: Substitutionsansatz im IRBA: "KMU"

Die Forderungsklasse „KMU" ist bei ihrem absoluten Verbesserungspotential kleiner als die Forderungsklasse „Unternehmen" aber größer als „Retail".

Die relative Verbesserungsquote liegt bei 1,54 und nimmt damit den gleichen Wert wie die Forderungsklasse „Unternehmen" ein.

4.3.2.4 Gegenüberstellung

In der unteren Tabelle sind die wesentlichen Werte der jeweiligen Verfahren und Forderungsklassen noch einmal zusammengefasst, die sich aus dem Forderungsportfolio mit der Gegenüberstellung zu möglichen Sicherungsgebern ergeben haben.

Substitutionsansatz in €		KSA		IRBA		
		Unternehmen	Retail	Unternehmen	Retail	KMU
Summe Ausgangssituation		416.000	420.000	435.771	312.913	372.272
Forderungsklasse	abs. VP in €	$\sum$= 624.000	$\sum$= 588.000	$\sum$= 672.534	$\sum$= 591.875	$\sum$= 571.444
	rel. VQ	1,50	1,40	1,54	1,68	1,54
	Ungleichmäßigkeit	σ= 33.809	σ= 25.299	σ= 27.694	σ= 24.689	σ= 23.495
Einzelne Forderung	Abs. OP$_{max}$ in € (PD$_{KN}$:1,50% / PD$_{SG}$:0,03%)	64.000	44.000	77.295	59.784	65.728
	Rel. OP$_{max}$ in €/$_{PD\ in\%}$	PD: 0,75% 160.000	PD: 0,25% 176.000	PD: 0,25% 118.816	PD: 0,25% 87.668	PD: 0,25% 102.032

Tabelle 27: Zusammenfassung: Substitutionsansatz

Die Summe der Ausgangssituation hebt hervor, wie hoch die Eigenkapitalanforderungen ohne die Berücksichtigung von Garantien und Kreditderivate ausfällt. Hierbei nimmt vor allem die IRBA-Forderungsklasse „Unternehmen" den höchsten Wert ein, die auch gleichzeitig mit ~673 T€ das größte Verbesserungspotential ($\sum$) aufweist.

Zwar nimmt hier die IRBA-Forderungsklasse „KMU" den niedrigsten Wert ein, doch setzt man das absolute Verbesserungspotential (abs. VP) ins Verhältnis zur Ausgangssituation, erkennt man das „KMU" verhältnismäßig einen gleich hohen Betrag zur Reduzierung der Eigenkapitalanforderung einnehmen kann. Schließlich ist die relative Verbesserungsquote (rel. VQ) bei beiden Forderungsklassen bei 1,54. Hier nehmen die IRBA-Retailforderungen den größten Wert mit 1,68 ein, so dass die IRBA-Retailforderungen zwar das niedrigste absolute

Verbesserungspotential verfügen, aber im Verhältnis doch den größten Beitrag zur Reduzierung der Eigenkapitalanforderungen leisten können.

Die Ungleichmäßigkeit der Eigenkapitalentlastungen innerhalb einer Forderungsklasse lässt sich durch die Standardabweichung beschreiben. Dabei zeigt sich, dass sowohl im KSA als auch im IRBA die Forderungsklasse „Unternehmen" die größten Abweichungen zum Mittelwert der Eigenkapitalentlastungen aufweisen. Diese Erkenntnis resultiert bei der IRBA-Forderungsklasse „Unternehmen" aus der hohen Sensitivität verglichen mit den anderen beiden IRBA-Forderungsklassen, und bei „Unternehmen" im KSA durch den sprunghaften Verlauf der Eigenkapitalanforderungen bzw. im Umkehrschluss der Eigenkapitalentlastung.

Betrachtet man nun die einzelnen Forderungen innerhalb einer Forderungsklasse, so wurde gezeigt, dass je weiter die Ausfallwahrscheinlichkeit zwischen der des Kreditnehmers und der des Sicherungsgebers auseinanderliegt, desto größer ist das absolute Optimierungspotential. Aus diesem Grund liegt das Maximum des absoluten Optimierungspotentials einer Forderung bei einer PD des Kreditnehmers von 1,50% und einer PD des Sicherungsgebers von 0,03%. Dabei zeigt sich, dass für diese PD-Konstellation das größte Optimierungspotential in der IRBA-Forderungsklasse „Unternehmen" vorliegt. Abgesehen von KSA-„Retail" korrespondiert die Reihenfolge der absoluten Optimierungspotentiale mit der der Ausgangssituation, so dass hier die IRBA-Forderungsklasse „Retail" den niedrigsten Wert einnimmt.

Die Höhe der Ausfallwahrscheinlichkeit hatte einen positiven Einfluss auf das absolute Optimierungspotential. Dieser positive Effekt kehrt sich bei dem relativen Optimierungspotential jedoch wieder um, so dass insbesondere im IRBA gilt, je niedriger die Ausfallwahrscheinlichkeit des Kreditnehmers ist, desto größer ist die verhältnismäßige Eigenkapitalentlastung, sofern die PD des Sicherungsgebers kleiner als die des Kreditnehmers ist. Aus diesem Grund liegt das Maximum aller IRBA-Forderungsklassen an dem Punkt, bei dem der Kreditnehmer die PD von 0,25% aufweist. Dieser Wert ist im IRBA bei der Forderungsklasse „Unternehmen" am größten und bei „Retail" am geringsten, was an der Reihenfolge der Sensitivität dieser Forderungsklassen liegt.

Bei der Forderungsklasse „Unternehmen" im KSA zeigt sich jedoch, dass das größte relative Optimierungspotential ausgehend von der PD 0,75% liegt und sogar einen größeren Wert einnimmt, als bei allen IRBA-Forderungsklassen. Das liegt daran, dass im KSA das Risikogewicht sprunghaft ansteigt, so dass auch die Eigenkapitalentlastung an dieser Stelle sprunghaft abnehmen würde. Im Gegensatz dazu zeigt sich im IRBA ein stetiger Verlauf.

Den größten Wert bei dem relativen Optimierungspotential liegt jedoch bei der KSA-Forderungsklasse „Retail" vor. Das resultiert allerdings daraus, dass anders als bei den vorherigen Fällen, die Ausfallwahrscheinlichkeit des Kreditnehmers in der Ausgangssituation nicht berücksichtigt wird. Und gerade im niedrigen PD-Bereich sind die Eigenkapitalanforderungen in der Ausgangssituation höher als bei den anderen Klassen. Aus diesem Grund würde ein PD-Tausch im KSA-Retail im niedrigen PD-Bereich auch zu einer immensen Entlastung führen.

In Praxi können die Kreditinstitute diese Erkenntnis jedoch nur selten nutzen, da Retailforderungen meist einer hohen Ausfallwahrscheinlichkeit unterliegen,[247] weswegen ein Risikotransfer auf einen Sicherungsgeber mit solch einer hohen Versicherungsprämie verbunden wäre, so dass ein Garantiegeschäft nicht vorteilhaft für das Kreditinstitut wäre. Dieser Zusammenhang wird im Rahmen des Kapitels 5 noch einmal aufgenommen.

4.3.3 Anpassung der LGD

Die Sensitivitätsanalyse ergab, dass insbesondere die Verlustquote zu einer wesentlichen Beeinflussung der Eigenkapitalanforderungen beitragen kann. Doch diese Erkenntnis kann für die Untersuchung der Besicherungswirkung von Garantien und Kreditderivate mittels Anpassung der LGD nicht genutzt werden.

Schließlich sieht die Bankenaufsicht für die Anpassung der LGD einen Auffangtatbestand vor. Hier heißt es, dass die Verlustquote nur bis zu der Höhe berücksichtigt werden kann, bei der sich ein Risikogewicht ergeben würde, welches einer direkten Forderungen an den Sicherungsgeber entspräche.[248]

Unter der Annahme gleicher Verlustquoten des Sicherungsgebers und des Kreditnehmers erreicht man also wieder das Risikogewicht, welches sich im Substitutionsansatz durch den PD-Tausch ergeben hätte. Die LGD-Anpassung ist lediglich eine andere Berechnungsdarstellung im Vergleich zum Substitutionsansatz. Aus diesem Grund kann auf die Untersuchung der LGD-Anpassung verzichtet werden und auf die Ergebnisse des Substitutionsansatzes verwiesen werden.

---

[247] Vgl. *Deutsche Bundesbank*: 5. Auswirkungsstudie, 2006, S. 20.
[248] Vgl. *Boos/Fischer/Schulte-Mattler*: KWG-Kommentar, 2012, S. 1882, Tz. 9.

4.3.4 Double-Default-Effekt

Die Regelungen des Substitutionsansatzes berücksichtigen nur unzureichend die risikomindernde Wirkung von Garantien und Kreditderivaten. Der Austausch der Ausfallwahrscheinlichkeiten des Kreditnehmers mit der des Sicherungsgebers ignoriert die Tatsache, dass es nur dann zu einem Forderungsausfall für das Kreditinstitut kommt, wenn sowohl der Kreditnehmer als auch der Garantiegeber ausfallen.

Aus diesem Grund räumt der VO-Entwurf für IRBA-Institute die Reduzierung der Eigenkapitalanforderungen durch den Double-Default-Effekt ein, deren Ermittlung im *Unterabschnitt 3.5.4.3* vorgestellt wurde.

Die *Abbildung 52* stellt drei Eigenkapitalanforderungskurven der Forderungsklasse „Unternehmen" dar. Hierbei sei unterstellt, dass die Ausfallwahrscheinlichkeit des Sicherungsgebers bei 0,10% liege und die anderen Risikoparameter wie zuvor konstant sind.

- EAD = 1 Mio. EUR
- LGD = 45%
- M = 2,5 Jahre
-

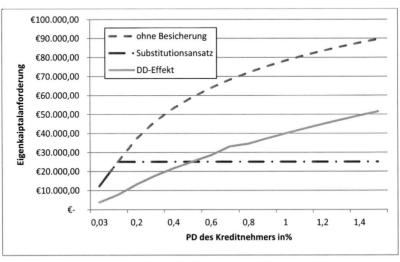

Abbildung 52: DD-Effekt eines SG mit PD von 0,10%: Forderungsklasse "Unternehmen"

Die rote Kurve steht für besicherte Forderungen, die nach dem Substitutionsansatz ermittelt wurden. Die grüne Kurve hingegen veranschaulicht die Eigenkapitalanforderungen, bei denen die besicherten Forderungen mit dem Double-Default-Effekt berechnet wurden. Als Vergleich zu beiden Kurven zeigt die blaue Kurve die Eigenkapitalanforderungen, wenn überhaupt keine Besicherung vorläge.

Es fällt auf, dass man nicht pauschal sagen kann, ob der DD-Effekt oder der Substitutionsansatz für das Kreditinstitut besser ist. Bei einer PD des Kreditnehmers von bis zu 0,50%, wäre der DD-Effekt vorzuziehen. Hiernach wäre der Substitutionsansatz sogar vorteilhafter.

Wichtig an dieser Stelle ist der Hinweis, dass anders als beim Substitutionsansatz beim DD-Effekt sogar eine Risikominderung erzielt werden kann, wenn die Ausfallwahrscheinlichkeit des Sicherungsgebers höher ist, als die des Kreditnehmers.

Festzuhalten beim DD-Effekt ist also, je kleiner die PD des Kreditnehmers ist, desto größer ist der Kreis möglicher potentieller Gewährleistungsgeber und desto größer ist die positive Wirkung im Vergleich zum KSA.

Bei einer Ausfallwahrscheinlichkeit des Garantiegebers von 0,50% sähen die jeweiligen Kurven allerdings wie folgt aus:

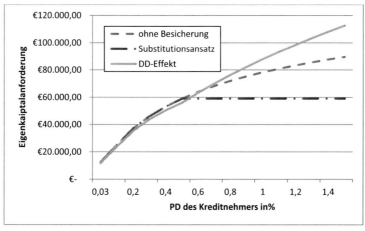

Abbildung 53: DD-Effekt: SG mit PD von 0,50% der Forderungsklasse "Unternehmen"

Augenscheinlich überlappt nun die grüne die blaue Kurve, woraus man ableiten kann, dass es in diesem Fall keine Reduzierung der Eigenkapitalanforderungen nach dem DD-Effekt zu erwarten ist.

Wohingegen der Substitutionsansatz ab einer PD von 0,50% zu einer Eigenkapitalentlastung führen würde.

Läge die PD des Sicherungsgebers noch höher als bei 0,50%, wäre die Eigenkapitalanforderung nach dem DD-Effekt sogar höher, als wenn keine Besicherung vorliegen würde.

Diese Entwicklung resultiert hauptsächlich aus dem Abschlagsfaktor (DD).

$$DD = (0{,}15 + 160 * PD_{SG})$$

Der bis zu einer PD des Sicherungsgebers von 0,53% einen Faktor kleiner als 1 einnimmt, so dass es zu einer Reduzierung des Risikogewichts kommt.

Ab einer PD von 0,53% kehrt der Abschlagsfaktor in einen Zuschlagsfaktor um und das Risikogewicht wird sogar erhöht.

Da im DD-Effekt aber nicht nur der Abschlagsfaktor auf das Risikogewicht wirkt, sondern auch eine mögliche Substitution der PD in der Risikogewichtsfunktion, kommt es nicht zwangsläufig dazu, dass die Eigenkapitalanforderungen nach dem DD-Effekt ab einer PD des Sicherungsgebers von 0,53% höher ist, als die Eigenkapitalanforderung einer unbesicherten Forderung.

Dennoch bleibt es dabei, dass der DD-Effekt in der Regel nur in der wahrscheinlichkeitstheoretischen Überlegung verheißungsvoll zu sein scheint. Nach der bankaufsichtsrechtlichen Berechnungsvorschrift müssen nämlich sowohl der Garantiegeber als auch der Kreditnehmer eine sehr niedrige PD aufweisen, damit die aus dem DD-Effekt berechnete Risikominderung gegenüber dem Substitutionsansatz vorteilhaft ist.

Aufgrund der Tatsache, dass der DD-Effekt nur in wenigen Fällen vorteilhafter als der Substitutionsansatz ist, wollen – wie eine Befragung der Deutschen Bundesbank ergab (siehe untere Tabelle) – nur wenige Kreditinstitute diesen Berechnungsansatz anwenden und wird deswegen nicht tiefergehend behandelt.

| Forderungsklasse | Volumen in% | |
(Berechnung der Risikominderung)	Basis-IRBA	Fort. IRBA
Unternehmen (DD-Effekt)	1,5	3,0
Unternehmen (Substitutionsansatz)	98,5	97
∑ Unternehmen	100,0	100,0
Retail (DD-Effekt)	0,4	0,6
Retail (Substitutionsansatz)	99,6	99,4
∑ Retail	100,0	100,0

Tabelle 28: Umfang der Anwendung des DD-Effektes[249]

4.4 Indirekte Besicherung durch Garantien und Kreditderivate

In dem vorherigen Abschnitt ist die Besicherungswirkung von Garantien und Kreditderivate untersucht worden, bei denen das Kreditinstitut der Begünstigte ist (siehe untere Abbildung).

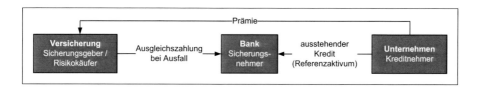

Aber Garantien und Kreditderivate können nicht nur für diesen Fall zu einer Beeinflussung der Eigenkapitalanforderungen führen, sondern auch, wenn der Kreditnehmer selbst der Begünstige von Garantiegeschäften ist.

Daher soll dieser Abschnitt nun die theoretische Auswirkung von Besicherung auf die Eigenkapitalanforderung des Kreditinstituts skizzieren, bei denen der Kreditnehmer für seine Forderungen Garantien und Kreditderivate hält, um sich selbst abzusichern.

---

[249] Vgl. *Deutsche Bundesbank*: 5. Auswirkungsstudie in Deutschland, S. 27.

Nun profitiert das Kreditinstitut nicht direkt von der Besicherung, sondern nur indirekt mittels verbesserter Bonitätsbeurteilung (PD$_{KN}$ ↓) seines Schuldners.

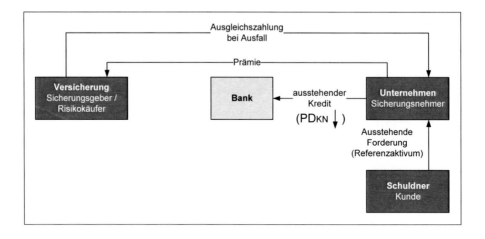

Unter der Annahme, dass sich die Ausfallwahrscheinlichkeit des Unternehmens (Kreditnehmer) durch die Besicherung seiner gesamten Forderungen halbiert, kann das Kreditinstitut im Rahmen des IRBA diese verminderte Ausfallwahrscheinlichkeit für die Reduzierung der Eigenkapitalanforderungen nutzen.

Die Höhe der reduzierenden Wirkung auf die PD soll (wegen des hierfür notwendigen Ratings) an dieser Stelle ausgeklammert werden. Allerdings ist davon auszugehen, dass sich die finanz- und erfolgswirtschaftliche Situation des Kreditnehmers durch die Besicherung seines Forderungsbestands verbessert und es dadurch zu einer geringen Ausfallwahrscheinlichkeit kommt (*Unterabschnitt 3.4.4.2*). Schließlich können Zahlungsausfälle der Kunden für das Unternehmen zu erheblichen Auswirkung auf die Vermögens-, Finanz-, und Ertragslage führen.

Die untere Tabelle veranschaulicht exemplarisch in welchem Verhältnis eine Halbierung der Ausfallwahrscheinlichkeit zu einer Eigenkapitalentlastung führt.

ohne Berücksichtigung der Besicherung		mit Berücksichtigung der Besicherung		Absolute Entlastung	Relative Entlastung in%	Verhältnis von (4) zu
PD in %	EK-Anforderung (1)	PD in%	EK-Anforderung (2)	(2) – (1) = (3)	(3) / (1) = (4)	0,50
0,03	6.427,19 €	0,03	6.427,19 €	- €	0,00	0,00
0,25	29.393,44 €	0,13	18.528,16 €	10.865,27 €	37,0	0,74
0,50	44.235,91 €	0,25	29.393,44 €	14.842,48 €	33,6	0,67
0,75	54.462,64 €	0,38	37.613,85 €	16.848,79 €	30,9	0,62
1,00	62.140,07 €	0,50	44.235,91 €	17.904,15 €	28,8	0,58
1,25	68.216,91 €	0,63	49.755,47 €	18.461,44 €	27,1	0,54
1,50	73.222,67 €	0,75	54.462,64 €	18.760,03 €	25,6	0,51
1,75	77.483,70 €	0,88	58.546,77 €	18.936,93 €	24,4	0,49
2,00	81.213,55 €	1,00	62.140,07 €	19.073,49 €	23,5	0,47

Tabelle 29: Beispielrechnung einer halbierten PD

Die ersten beiden Spalten zeigen die Situation, in der die Bonität des Kreditnehmers nicht den Sachverhalt berücksichtigt, dass der besicherte Forderungsbestand zu einer Minimierung der Ausfallwahrscheinlichkeit führt.

Die positiven Effekte auf die PD eines besicherten Forderungsbestands werden in den darauffolgenden Spalten berücksichtigt.

Die Differenz (3) von beiden Situationen gibt also die Eigenkapitalentlastung einer indirekten Besicherung an.

Unter der weiteren Annahme, dass sich nun die Ausfallwahrscheinlichkeit des Unternehmens (Kreditnehmer) durch die Besicherung seiner gesamten Forderungen nicht halbiert, sondern um ein Viertel reduziert, sieht die Tabelle wie folgt aus.

ohne Berücksichtigung der Besicherung		mit Berücksichtigung der Besicherung		Absolute Entlastung	Relative Entlastung in%	Verhältnis von (4) zu
PD in %	EK-Anforderung (1)	PD in%	EK-Anforderung (2)	(2) – (1) = (3)	(3) / (1) = (4)	0,25
0,03	6.427,19 €	0,03	6.427,19 €	- €	0	0,00
0,25	29.393,44 €	0,19	24.402,98 €	**4.990,45 €**	17,0	0,68
0,50	44.235,91 €	0,38	37.613,85 €	**6.622,06 €**	15,0	0,60
0,75	54.462,64 €	0,56	47.112,25 €	**7.350,39 €**	13,5	0,54
1,00	62.140,07 €	0,75	54.462,64 €	**7.677,43 €**	12,4	0,49
1,25	68.216,91 €	0,94	60.398,07 €	**7.818,84 €**	11,5	0,46
1,50	73.222,67 €	1,13	65.339,13 €	**7.883,55 €**	10,8	0,43
1,75	77.483,70 €	1,31	69.553,48 €	**7.930,22 €**	10,2	0,41
2,00	81.213,55 €	1,50	73.222,67 €	**7.990,88 €**	9,8	0,39

Tabelle 30: Beispielrechnung einer um ein Viertel reduzierter PD

Dass die absolute Entlastung (3) und auch die relative Entlastung (4) in diesem Beispiel niedriger ausfallen, als in dem vorherigen Beispiel liegt auf der Hand. Schließlich wurde auch hier ein deutlich schwächerer Einfluss der indirekten Besicherung auf die Ausfallwahrscheinlichkeit unterstellt.

Aus diesem Grund revidiert die letzte Spalte diese Ungleichheit mittels einer Verhältniszahl. Aber auch nach der Korrektur ergeben sich weiterhin Unterschiede zwischen den beiden Beispielen.

Offenbar gilt, je größer der positive Einfluss der indirekten Besicherung ausfällt, desto größer ist der absolute und auch der relative Effekt auf die Eigenkapitalanforderung.

5 Konsequenzen

5.1 Folgen für das Kreditinstitut (als Sicherungsnehmer)

Mit der Beeinflussung der Eigenkapitalanforderungen der Kreditinstitute durch Garantien und Kreditderivate hat sich dieses Buch bereits intensiv auseinander gesetzt.

Aus diesem Grund sollen nun weitere Konsequenzen für das Kreditinstitut aufgezeigt werden, welche bisher außen Acht gelassen wurden.

So ist beispielsweise vernachlässigt worden, dass die Eigenkapitalanforderungen durch Garantien und Kreditderivate zwar reduziert werden, aber sofern die Bank selbst die Prämien für die Garantien zahlen muss, es nicht zwangsläufig zu einer Verbesserung der Eigenkapitalquote kommt. Schließlich führen die zu zahlenden Versicherungsprämien (V-Prämie) zu einer Reduzierung des Bilanzgewinns und somit auch des Eigenkapitals.[250] Wenn die für das Kreditinstitut zu zahlende Versicherungsprämie größer ist, als die hierdurch erreichte Reduzierung der Kreditrisiken, verschlechtert die Bank sogar ihre Eigenkapitalquote.

$$Eigenkapitalquote = \frac{Eigenmittel\ abzüglich\ Versicherungsprämie}{RWA\ abzüglich\ Risikominderung}$$

Zwar wird durch den Risikotransfer auch der erwartete Verlust auf den Risikokäufer übertragen, so dass die hierfür vorgenommenen Rückstellungen aufgelöst werden können. Aber da der erwartete Verlust in der Versicherungsprämie berücksichtigt wird, bleibt eine Erhöhung der Eigenmittel aus.

Ferner legte dieses Buch den Fokus auf die gesetzlich vorgeschriebene Erhöhung der Eigenkapitalquote und dass deswegen die Banken ein großes Interesse daran haben ihr Eigenkapital zu erhöhen bzw. ihre Risikoaktiva zu reduzieren.

Doch diese beiden Strategien bringen negative Folgen mit sich.

Zum einen bedeutet eine Erhöhung des Eigenkapitals gleichzeitig eine Erhöhung der Finanzierungskosten von Kreditinstituten. Schließlich ist die Aufnahme von Fremdkapital (Refinanzierungskosten) deutlich günstiger als die für Eigenkapital.

---

[250] Vgl. *Angelkort/Stuwe*: Basel III und Mittelstandsfinanzierung, S. 8.

Und zum anderen entgehen den Kreditinstituten durch die Reduzierung der Risikoaktiva durch Garantien und Kreditderivate unter Umständen lukrative Kreditgeschäfte. Schließlich werden erhöhte Risiken im Kreditzins berücksichtigt, deren mögliche Gewinnmarge nun auf den Sicherungsgeber übertragen wird, so dass die Kreditinstitute im Endeffekt ein „Geschäftsfeld", nämlich das Versichern, aufgeben und sich nur noch auf das Stellen von „risikolosen" Krediten konzentrieren.

Doch abgesehen von negativen Konsequenzen ergibt sich neben der Reduzierung der Eigenkapitalanforderungen ein weiterer Vorteil für die Kreditinstiute durch die Übertragung der Ausfallwahrscheinlichkeit.

Es handelt sich hierbei um einen operativen Vorteil. Schließlich müssen Kreditinstiute, insbesondere bei der Anwendung des IRBAs, die bankaufsichtsrechtlichen Mindestanforderungen für die Ermittlung des Risikogewichts beachten. Aus diesem Grund wollen und können kleinere Kreditinsitute nicht die Vorteile des IRBAs nutzen. Daher könnte die Besicherung von Forderungen ein geeigneter Schritt für die Anwendung des IRBAs sein. Der Kreis der als berücksichtigungsfähige Gewährleistungsgeber in Frage kommt, ist deutlich geringer, als die Vielzahl der unterschiedlichen Kreditnehmer. Dadurch müssen die Kreditinstitute nur für die wenigen Sicherungsgeber die Mindestanforderungen an die interne Schätzung der Risikoparameter beachten.

5.2 Folgen für den Versicherer (als Sicherungsgeber)

Der Sicherungsgeber wird auch als Risikoeinkäufer bezeichnet. Die Leistung des Sicherungsgebers besteht darin das Risiko eines Sicherungsnehmers zu übernehmen und erhält dafür als Gegenleistung eine Versicherungsprämie, wie die untere Abbildung es darstellt.

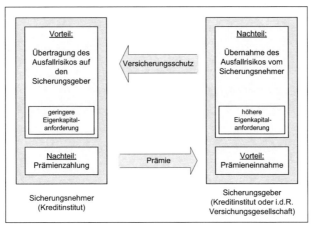

Abbildung 54: Prinzip des Risikotransfers[251]

Die folgenden beiden Unterabschnitte geben nun einen Überblick über die resultierenden Eigenkapitalanforderungen eines Garantiegeschäfts, aber nicht – wie in dieser Studie umfangreich untersucht – aus der Perspektive des sicherungsnehmenden Kreditinstituts, sondern aus der Perspektive des Sicherungsgebers. Hierbei werden zwei Fälle betrachtet, einmal dass der Sicherungsgeber ein Kreditinstitut ist und einmal dass der Sicherungsgeber eine Versicherungsgesellschaft darstellt.

Dabei müssen sowohl Banken als auch Versicherungen für ihre Kreditrisiken ausreichend Eigenmittel vorhalten, nur dass die Kreditinstitute den Vorschriften aus Basel III unterliegen und die Versicherungsgesellschaften den Vorschriften aus Solvency II.

Um dem Ziel gleicher Wettbewerbsbedingungen in den Finanzsektoren gerecht zu werden („level playing field"),[252] beanspruchen beide Aufsichtsregularien (Basel III, Solvency II) den

---

[251] In Anlehnung an *Führer/Grimmer*: Versicherungsbetrieblehre, 2009, S. 20.
[252] Vgl. *KPMG*: Solvency II.

Anspruch für das gleiche Risiko die gleiche Behandlung („same risk – same regulation") vorzusehen.[253]

Aus diesem Grund führen die folgenden beiden Unterabschnitte die Auswirkungen eines Risikotransfers auf die Eigenkapitalanforderungen des Sicherungsgebers an, um festzustellen, ob nicht doch Regulierungsdivergenzen auftreten, die zu einer Reduzierung der Eigenkapitalanforderung im Gesamten bewirken.

5.2.1 Sicherungsgeber: Kreditinstitut

Handelt es sich bei dem Sicherungsgeber um ein Kreditinstitut, so sind die Vorschriften des VO-Entwurfs zu Basel III immanent.

Mit der Übernahme einer Gewährleistung wird kein Kredit, sondern eine Haftungsübernahme begründet.[254] Diese Eventualverbindlichkeit wird als außerbilanzielle Adressrisikoposition bei der Ermittlung der Kreditrisiken berücksichtigt (siehe *Unterabschnitt 3.2.2.2*). Da Garantien und Kreditderivate im VO-Entwurf mit einem hohen Kreditrisiko eingestuft werden,[255] und deswegen deren Haftungshöhe mit 100% bei der Ermittlung des Forderungswerts berücksichtigt wird, ergeben sich keine Unterschiede zu der Behandlung einer bilanziellen Forderung.

Aus diesem Grund ergeben sich nun die gleichen Eigenkapitalanforderungen für das sicherungsgebende Kreditinstitut, wie für das Kreditinstitut, welches sich ergeben hätte, wenn es nicht zu einem Risikotransfer gekommen wäre (vorausgesetzt beide Kreditinstitute verwenden die gleichen Verfahrensansätze).

Hieran wird deutlich, dass – abgesehen von der Wahl des Verfahrensansatzes (KSA oder IRBA) – es zu keiner Regulierungsdivergenz kommt, welche die Kreditinstitute für die Zwecke der Reduzierung der Eigenkapitalanforderungen ausnutzen können.

5.2.2 Sicherungsgeber: Versicherungsgesellschaft

Wenn es sich bei dem Sicherungsgeber um eine Versicherungsgesellschaft handelt, unterliegt diese nicht Basel III, sondern Solvency II.

Zwar erbringen Versicherungen vielfach Leistungen, die rechtlich als Garantie einzustufen sind,[256] welche wiederum als Bankgeschäfte nach dem KWG gelten und das zur Folge hat, dass

---

[253] Vgl. *Erk*: Behandlung von Kreditrisiken im Bank- und Versicherungsaufsichtsrecht, 2010.
[254] Vgl. *Boos/Fischer/Schulte-Mattler*: KWG-Kommentar, 2012, S. 74, Tz. 78.
[255] Vgl. Anhang I VO-Entwurf.
[256] Vgl. *Boos/Fischer/Schulte-Mattler*: KWG-Kommentar, 2012, S. 75, Tz. 84.

Versicherungsgesellschaften materiell als Kreditinstitute aufgefasst werden,[257] für die Basel III gilt.

Obwohl Versicherungen Bankgeschäfte betreiben, gelten sie aber kraft gesetzlicher Fiktion nicht als Kreditinstitut, so dass die Versicherungsgesellschaften dem Versicherungsaufsichtsrecht (Solvency II) unterliegen.[258]

Im Gegensatz zu den expliziten Berechnungsvorschriften in Basel III, schreibt Solvency II für die Berechnung der Risiken lediglich vor, dass die Versicherungen so viel Kapital unterlegen müssen, welches ausreicht, um ein Risikomaß eines Konfidenzniveaus von 99,5% (Value-at-Risk) zu decken.[259] Dabei werden Risiken mittels Korrelationsmatrizen aggregiert, so dass die Summe der einzelnen Risiken nicht gleich dem Gesamtrisiko ist.[260]

Zwar werden im Rahmen dieses Buches die expliziten Berechnungsunterschiede und deren Auswirkung auf die Eigenkapitalanforderungen zwischen Basel III und Solvency II vernachlässigt, doch betrachtet man allein die Höhe des Konfidenzniveaus, so ist bereits hier eine Abweichung zu dem formellastigen Regelwerk nach Basel III auszumachen, in welchem im IRBA das Konfidenzniveau mit 99,9% vorgeschrieben wird.
Wegen weiteren Anpassungen in der IRBA-Risikogewichtsfunktion lässt sich allerdings ohne eine tiefergehende Analyse nicht feststellen, ob dieses nun zu einer höheren Eigenkapitalanforderung führt.

Dennoch liegt die Vermutung nahe, dass es PD-Intervalle gibt, in denen es zu abweichenden Ergebnissen der Eigenkapitalanforderung nach Basel III und denen nach Solvency II kommen kann – nicht zuletzt wegen möglichen Diversifikationseffekten die bei negativen Korrelationen risikomindernd berücksichtigt werden können –.

Insbesondere bei Risikopositionen, die das Kreditinstitut nach dem KSA berechnet, werden aufgrund des sprunghaften Verlaufs der Risikogewichte, PD-Bereiche auftreten, bei denen die Eigenkapitalunterlegung der Versicherungsgesellschaft vermutlich niedriger ausfallen wird. Schließlich führen die abrupten Risikogewichtssprünge beim KSA zu einem erheblichen Anstieg der Eigenkapitalanforderung. Wohingegen die Eigenkapitalanforderung nach Solvency

---

[257] Vgl. § 1 Absatz 1 Nr. 8 KWG.
[258] Vgl. *Boos/Fischer/Schulte-Mattler*: KWG-Kommentar, 2012, S. 75, Tz. 84.
[259] Vgl. *Follmann*: Basel II und Solvency II, 2007, S. 66.
[260] Vgl. *Millimann*: Auswirkung von Solvency II, S.10.

II (wie beim IRBA) stetig steigt,[261] so dass diese Verläufe im *Unterabschnitt 4.3.2.4* in einigen PD-Intervallen eine niedrigere Eigenkapitalunterlegung erfordern.

Die Konsequenz ist also, dass in diesem Fall für das gleiche Ausfallrisiko des Kreditnehmers der Risikotransfer eine unterschiedliche Behandlung mit sich bringt (siehe Regulierungsdivergenz in der unteren Abbildung).

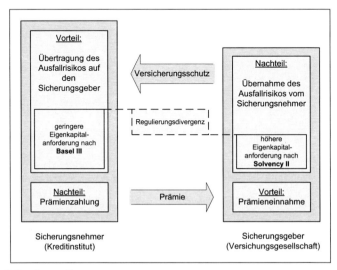

Abbildung 55: Regulierungsdivergenz

Wobei an dieser Stelle noch einmal der Hinweis geben werden soll, dass es so gesehen auch innerhalb eines Regulierungswerks Divergenzen geben kann. So erlaubt Basel III die beiden Verfahrensansätze KSA und IRBA für die Berechnung der Kreditrisiken, die so zu unterschiedlichen Eigenkapitalanforderungen führen.

Abgesehen von den Folgen auf die Eigenkapitalanforderung der Versicherungsgesellschaft, können beide Versicherungsparteien (Kreditinstitut und Versicherungsgesellschaft) von einem Risikotransfer profitieren.

So können sich sowohl die Kreditinstitute als auch die Versicherungsgesellschaften auf ihren Unternehmenszweck konzentrieren und weiter spezialisieren, was in der Regel volkswirtschaftliche Vorteile bietet. Schließlich können die Kreditinstitute durch die Übertragung des Ausfallri-

---

[261] Vgl. *Meurer*: Solvency II, S. 15.

sikos allein das Stellen von Krediten fokussieren und die Versicherungsgesellschaften verstärkt das Versichern, welche bei zunehmender Unternehmensgröße sogar von Diversifikations- bzw. Glättungseffekten von Einzelrisiken profitieren.[262]

5.3 Folgen für das Unternehmen (als Kreditnehmer)

Die erhöhten Eigenkapitalanforderungen nach Basel III wirken sich grundsätzlich auf die Bepreisung von Krediten und die Kreditvergabe aus,[263] so dass die Basel III-Regulierungen nicht nur Auswirkungen auf die Kreditinstitute haben, sondern auch gleichzeitig auf die Unternehmen, obwohl diese nicht für die Finanzmarktkrise ursächlich waren.[264]

Obwohl Basel III keine Verschärfung der Kreditrisikoermittlung vorsieht, sondern lediglich erhöhte qualitative und quantitative Anforderungen an das Eigenkapital, so werden Kreditinstitute dennoch, wegen der hohen Bedeutung des Kreditrisikos (siehe *Unterabschnitt 3.2.1*), insbesondere das Kreditgeschäft auf Verbesserungspotentiale untersuchen, um die Eigenkapitalanforderungen zu reduzieren.

Eine hieraus mögliche Einschränkung der Kreditvergabe geht dabei zu Lasten der kreditsuchenden Unternehmen,[265] weil renditeträchtige Investitionen wegen mangelnden Kapitals nicht umgesetzt werden können oder die Investitionen wegen erhöhtem Kreditzins doch nicht mehr rentabel sind. Dieser beschriebene Investitionsstau könnte somit unmittelbar realwirtschaftliche Folgen haben.

Aber vor allem der Einsatz von Garantien und Kreditderivate kann hier ein geeignetes Instrument sein, damit auch zukünftig die Kreditinstituten, trotz erschwerten Kapitalanforderungen nach Basel III, fähig sind neue Kredite an die Unternehmen (Realwirtschaft) zu vergeben. Schließlich können Garantien und Kreditderivate, wie in der Analyse gezeigt, die Eigenkapitalanforderungen wesentlich beeinflussen, welche insbesondere dann zu einer verbesserten Eigenkapitalquote der Kreditinstitute führen, wenn nicht das Institut, sondern das Unternehmen selbst die Gewährleistung stellt, und die Bank entweder direkt als Begünstigter von der Besicherung profitiert oder – wie skizziert – indirekt.

---

[262] Vgl. *Führer/Grimmer*: Versicherungsbetrieblehre, 2009, S. 21.
[263] Vgl. *Follmann*: Basel II und Solvency II, 2007, S. 49.
[264] Vgl. *Berg/Uzik*: Auswirkungsstudie Basel III, S. 5.
[265] Vgl. *KPMG*: Basel III.

6 Fazit

Durch die neuen Basel III-Vorschriften benötigen die europäischen Kreditinstitute vorläufig Kapital in Höhe von 106 Mrd. EUR, wovon allein 5,2 Mrd. EUR auf deutsche Banken entfallen.[266] Dieser Kapitalisierungsbedarf kann dabei durch den Einsatz von Garantien und Kreditderivate mittels reduzierender Wirkung auf die Eigenkapitalanforderung gedeckt werden und gleichzeitig dazu beitragen, dass die Kreditinstitute ihr Kerngeschäft wahrnehmen können und so weitere Kredite an Unternehmen vergeben.

Die eigenkapitalentlastende Wirkung von diesen Sicherungsinstrumenten hängt dabei von der Ausfallwahrscheinlichkeit des Kreditnehmers und des Sicherungsgebers, des Verfahrensansatzes zur Bestimmung der Kreditrisiken und der Risikominderung, sowie von der jeweiligen Forderungsklasse des Kredits ab.

Dabei zeigte die Analyse anhand eines exemplarischen Portfolios und einer Gegenüberstellung zu möglichen Sicherungsgebern, welche absoluten und relativen Verbesserungspotentiale sich aus den jeweiligen Forderungsklassen und Krediten im Einzelnen ergeben können und stellte dabei Folgendes fest:

- Aufgrund der im Vergleich zur Ausgangssituation hohen Eigenkapitalanforderung nimmt die Forderungsklasse „Unternehmen" das höchste absolute Verbesserungspotential zur Reduzierung der Eigenkapitalanforderung ein, und das sowohl im KSA als auch im IRBA.
- Die IRBA-Forderungsklasse „Retail" führt zu dem verhältnismäßig größten Einfluss auf die Eigenkapitalanforderung.
- Aufgrund in der KSA-Forderungsklasse „Unternehmen" auftretenden Risikogewichtssprünge bewirkt eine Besicherung von einzelnen Krediten einen erheblichen Einfluss auf die Eigenkapitalanforderung.
- Je größer die Ausfallwahrscheinlichkeit des Kreditnehmers und je geringer die Ausfallwahrscheinlichkeit des Sicherungsgebers ist, desto höher ist das absolute Optimierungspotential eines Kredits.
- Wegen der hohen Sensitivität im niedrigen PD-Bereich der IRBA-Forderungsklassen gilt: je kleiner die Ausfallwahrscheinlichkeit des Kreditnehmers ist, desto höher ist das relative Optimierungspotential eines Kredits.

---

[266] Vgl. *Deutsche Bundesbank:* Finanzstabilitätsbericht, 2011, S. 15.

Die Minderung der Eigenkapitalanforderung führt jedoch nur dann zu einer Verbesserung der Eigenkapitalquote, wenn die Eigenmittel nicht im gleichen Verhältnis abnehmen.

Übernimmt nämlich das sicherungsnehmende Kreditinstitut die Prämienzahlung der Versicherung, so liegt eine effiziente Besicherung der Forderungen nicht dann vor, wenn das absolute Optimierungspotential eines Kredits am größten ist, sondern vielmehr dann, wenn die relative Veränderung der Eigenkapitalanforderung durch den PD-Tausch von Kreditnehmern und Sicherungsgebern besonders hoch ist. Schließlich verlangt der Sicherungsgeber für die Übernahme des Ausfallrisikos eine adäquate Versicherungsprämie. So führt der PD-Tausch von besonders schlechten Schuldnern zwar zu der größten absoluten Beeinflussung der Eigenkapitalanforderung, doch hierfür muss das Kreditinstitut entsprechend hohe Versicherungsprämien zahlen. Aus diesem Grund sollten Kreditinstitute verstärkt auf die relativen Optimierungspotentiale von Forderungen achten; welche sich im IRBA im niedrigen PD-Bereich einstellen. Allerdings kommt es vor allem im KSA aufgrund der Risikogewichtssprünge zu verhältnismäßig großen Eigenkapitalentlastungen.

Die größte positive Wirkung auf die Eigenkapitalquote erfährt ein Kreditinstitut jedoch dann, wenn nicht das Institut, sondern der Kunde selbst die Versicherungsprämie übernimmt und dabei der Begünstigte des Garantiegeschäfts bleibt.

Ist hingegen das Unternehmen nicht nur der Auftraggeber, sondern auch der Begünstigte der Gewährleistung, so könnte das Kreditinstitut auch indirekt von der Besicherung profitieren. Nämlich dann, wenn der besicherte Forderungsbestand des Kreditnehmers zu einer Minderung der Ausfallwahrscheinlichkeit führt.

Aufgrund der hohen Bedeutung von Kreditrisiken wird der Umgang mit diesen Risiken zunehmend wichtiger. Durch Garantiegeschäfte können sich Kreditinstitute und Versicherungsgesellschaften verstärkt auf ihren Unternehmenszweck konzentrieren. So können die Kreditinstitute durch die Übertragung des Ausfallrisikos allein das Stellen von Krediten fokussieren und die Versicherungsgesellschaften verstärkt das Versichern, welche wegen einer weniger großen Kapitallücke besonders geeignete Gewährleistungsgeber sind.

Die Folge dieser Branchenspezialisierung ist, dass es den Unternehmen, trotz Basel III, möglich wird ihre Investitionen zu finanzieren.

Anhang

Der hier aufgeführte Anhang gibt ausschnittsweise die, auf die in diesem Buch verwiesenen Artikel des Verordnungsentwurfs der Europäischen Kommission vom 20.07.2011 über „Aufsichtsanforderungen an Kreditinstitute"[267] (sog. Basel III) an.

Vorschlag für eine

VERORDNUNG DES EUROPÄISCHEN PARLAMENTS UND DES RATES

über Aufsichtsanforderungen an Kreditinstitute und Wertpapierfirmen

Titel I
Allgemeine Anforderungen, Bewertung und Berichterstattung

Kapitel 1
Mindesthöhe der Eigenmittel

ABSCHNITT 1
EIGENMITTELANFORDERUNGEN AN INSTITUTE

Artikel 87
Eigenmittelanforderungen

1. Unbeschadet der Artikel 88 und 89 müssen Institute zu jedem Zeitpunkt folgende Eigenmittelanforderungen erfüllen:

   (a) eine harte Kernkapitalquote von 4,5 %;

   (b) eine Kernkapitalquote von 6 %;

   (c) eine Gesamtkapitalquote von 8 %.

---

[267] http://www.bundesbank.de/Redaktion/DE/Downloads/Kerngeschaeftsfelder/Bankenaufsicht/20110720_regulation_proposal_part1_3_de.pdf?__blob=publicationFile, [Stand:18.08.2012]

2. Die Institute berechnen ihre Kapitalquoten wie folgt:

   (a) die harte Kernkapitalquote ergibt sich aus dem harten Kernkapital des Instituts, ausgedrückt als Prozentsatz des Gesamtforderungsbetrags;

   (b) die Kernkapitalquote ergibt sich aus dem Kernkapital des Instituts, ausgedrückt als Prozentsatz des Gesamtforderungsbetrags;

   (c) die Gesamtkapitalquote ergibt sich aus den Eigenmitteln des Instituts, ausgedrückt als Prozentsatz des Gesamtforderungsbetrags.

3. Der Gesamtforderungsbetrag errechnet sich als Summe der unter den Buchstaben a bis f genannten Faktoren unter Berücksichtigung der in Absatz 4 festgelegten Anforderungen:

   (a) die gemäß Teil 3 Titel II berechneten risikogewichteten Forderungsbeträge für das Kredit- und das Verwässerungsrisiko in allen Geschäftsfeldern eines Instituts, ausschließlich der risikogewichteten Forderungsbeträge aus der Handelsbuchtätigkeit des Instituts;

   (b) die gemäß Teil 3 Titel IV oder Teil 4 bestimmten Eigenmittelanforderungen für die Handelsbuchtätigkeit des Instituts für:

   i) Positionsrisiko;

Titel II
Eigenkapitalanforderungen für Kreditrisiken

Kapitel 1
Allgemeine Grundsätze

Artikel 102
Ansätze zur Ermittlung des Kreditrisikos

Zur Berechnung ihrer risikogewichteten Forderungsbeträge im Sinne von Artikel 87 Absatz 3 Buchstaben a und f wenden die Institute entweder den in Kapitel 2 vorgesehenen Standardansatz oder – wenn die zuständigen Behörden dies gemäß Artikel 138 gestattet haben – den in Kapitel 3 vorgesehenen auf internen Ratings basierenden Ansatz (IRB-Ansatz) an.

Artikel 107
Forderungsklassen

Jede Forderung wird einer der folgenden Forderungsklassen zugeordnet:

(a) Forderungen oder Eventualforderungen an Zentralstaaten oder Zentralbanken,

(b) Forderungen oder Eventualforderungen an Gebietskörperschaften,

(c) Forderungen oder Eventualforderungen an öffentliche Stellen,

(d) Forderungen oder Eventualforderungen an multilaterale Entwicklungsbanken,

(e) Forderungen oder Eventualforderungen an internationale Organisationen,

(f) Forderungen oder Eventualforderungen an Institute,

(g) Forderungen oder Eventualforderungen an Unternehmen,

(h) Retail-Forderungen oder Eventual-Retailforderungen,

(i) durch Hypotheken auf Immobilien besicherte Forderungen oder Eventualforderungen,

(j) ausgefallene Forderungen,

(k) Forderungen in Form von gedeckten Schuldverschreibungen,

(l) Verbriefungspositionen,

(m) Forderungen an Institute und Unternehmen mit kurzfristigen Ratings,

(n) Forderungen in Form von Anteilen an oder Aktien von Organismen für Gemeinsame Anlagen (OGA),

(o) Kapitalforderungen,

(p) sonstige Posten.

Artikel 108
Berechnung der risikogewichteten Forderungsbeträge

1. Zur Berechnung der risikogewichteten Forderungsbeträge werden allen Forderungen, sofern sie nicht von den Eigenmitteln abgezogen werden, Risikogewichte nach Maßgabe von Abschnitt 2 zugeteilt. Die Zuteilung der Risikogewichte richtet sich nach der Forderungsklasse, der die Forderung zugeordnet wird, und, soweit in Abschnitt 2 vorgesehen, nach deren Bonität. Zur Bewertung der Bonität können gemäß Artikel 130 die Ratings externer Ratinginstitute (ECAIs) oder gemäß Abschnitt 3 die Ratings von Exportkreditagenturen herangezogen werden.

Artikel 109
Forderungen an Zentralstaaten oder Zentralbanken

1. Forderungen an Zentralstaaten und Zentralbanken wird ein Risikogewicht von 100 % zugeteilt, es sei denn, es wird eine Behandlung nach den Absätzen 2 bis 5 angewandt.

2. Forderungen an Zentralstaaten und Zentralbanken, für die ein Rating einer anerkannten Ratingagentur („external credit assessment institution", ECAI) vorliegt, wird ein Risikogewicht nach Tabelle 1 zugeordnet, das dem Rating der anerkannten ECAI im Einklang mit Artikel 131 entspricht.

Tabelle 1						
Rating-Klasse	1	2	3	4	5	6
Risikogewicht	0 %	20 %	50 %	100 %	100 %	150 %

3. Forderungen an die Europäische Zentralbank wird ein Risikogewicht von 0 % zugewiesen.

4. Forderungen an die Zentralstaaten und Zentralbanken der Mitgliedstaaten, die auf die Landeswährung dieses Zentralstaats und dieser Zentralbank lauten und in dieser Währung refinanziert sind, wird ein Risikogewicht von 0 % zugewiesen.

5. Sehen die zuständigen Behörden eines Drittlandes, dessen aufsichtliche und regulatorische Vorschriften jenen der Europäischen Union mindestens gleichwertig sind, für Forderungen an ihren Zentralstaat und ihre Zentralbank, die auf die Landeswährung dieses Drittlandes lauten und in dieser Währung refinanziert sind, ein niedrigeres Risikogewicht vor als in den Absätzen 1 und 2 vorgesehen ist, können solche Forderungen von den Instituten auf dieselbe Weise mit einem Risikogewicht belegt werden.

Artikel 115
Forderungen an Institute mit Rating

1. Forderungen an Institute mit einer Restlaufzeit von über drei Monaten, für die ein Rating einer anerkannten ECAI vorliegt, wird ein Risikogewicht nach Tabelle 3 zugeordnet, das dem Rating der anerkannten ECAI im Einklang mit Artikel 131 entspricht.

Tabelle 3						
Rating-Klasse	1	2	3	4	5	6
Risikogewicht	20 %	50 %	50 %	100 %	100 %	150 %

Artikel 117
Forderungen an Unternehmen

1. Forderungen, für die ein Rating einer anerkannten ECAI vorliegt, wird ein Risikogewicht nach Tabelle 6 zugeordnet, das dem Rating der anerkannten ECAI im Einklang mit Artikel 131 entspricht.

Tabelle 6						
Rating-Klasse	1	2	3	4	5	6
Risikogewicht	20 %	50 %	100 %	100 %	150 %	150 %

2. Forderungen, für die kein solches Rating vorliegt, wird ein Risikogewicht von 100 % zugewiesen oder das Risikogewicht des zugehörigen Zentralstaats, falls dieses höher ist.

ABSCHNITT 3
ANERKENNUNG UND ZUORDNUNG VON KREDITRISIKOEINSCHÄTZUNGEN

UNTERABSCHNITT 1
ANERKENNUNG VON ECAI

Artikel 130
ECAI

1. Ein externes Rating kann nur dann für die Bestimmung des Risikogewichts einer Forderung nach diesem Kapitel herangezogen werden, wenn es von einer anerkannten ECAI stammt oder von einer anerkannten ECAI in Einklang mit der Verordnung (EG) Nr. 1060/2009 bestätigt wurde.

2. Anerkannte ECAI umfassen alle Ratingagenturen, die gemäß der Verordnung (EG) Nr. 1060/2009 zugelassen oder zertifiziert sind, sowie Zentralbanken, die Ratings abgeben und von dieser Verordnung ausgenommen sind.

3. Die EBA veröffentlicht eine Liste der anerkannten ECAI.

Artikel 142
Methode für die Zuordnung von Forderungen in Forderungsklassen

1. Das Institut verwendet bei der Zuordnung von Forderungen in verschiedenen Forderungsklassen eine fortlaufend angemessene und einheitliche Methode.

2. Jede Forderung wird einer der folgenden Forderungsklassen zugewiesen:

    (a) Forderungen oder Eventualforderungen an Zentralstaaten und Zentralbanken,

    (b) Forderungen oder Eventualforderungen an Institute,

    (c) Forderungen oder Eventualforderungen an Unternehmen,

    (d) Retailforderungen oder Eventual-Retailforderungen,

    (e) Beteiligungspositionen,

    (f) Verbriefungspositionen,

    (g) sonstige Aktiva, bei denen es sich nicht um Kreditverpflichtungen handelt.

5. Um der in Absatz 2 Buchstabe d genannten Retail-Forderungsklasse zugeordnet werden zu können, müssen Forderungen die folgenden Kriterien erfüllen:

    (a) Sie müssen gerichtet sein an:

        i) eine bzw. mehrere natürliche Personen,

        ii) ein kleines oder mittleres Unternehmen, wobei in letzterem Fall der dem Institut und der Muttergesellschaft und deren Tochtergesellschaften von dem Kunden oder der Gruppe verbundener Kunden insgesamt geschuldete Betrag, einschließlich etwaiger in der Vergangenheit fälliger Forderungen, jedoch mit Ausnahme von Forderungen oder Eventualforderungen, die durch Wohneigentum besichert sind, nach Wissen des Instituts nicht über 1 Mio. EUR hinausgeht; das Institut hat angemessene Schritte unternommen, um sich von der Richtigkeit seines Kenntnisstands zu überzeugen;

(b) sie werden vom Institut im Risikomanagement fortlaufend einheitlich und auf vergleichbare Weise behandelt;

(c) sie werden nicht individuell wie Forderungen der Forderungsklasse „Forderungen an Unternehmen" verwaltet;

(d) sie sind alle Teil einer größeren Zahl ähnlich verwalteter Forderungen.

Zusätzlich zu den in Unterabsatz 1 aufgelisteten Forderungen umfasst die Retail-Forderungsklasse den Zeitwert von Retail-Mindestleasingzahlungen.

6. Die folgenden Forderungen werden der in Absatz 2 Buchstabe e genannten Forderungsklasse der Beteiligungspositionen zugeordnet:

 (a) nicht rückzahlbare Forderungen, die einen nachrangigen Restanspruch auf die Vermögenswerte oder die Einkünfte des Emittenten beinhalten;

 (b) rückzahlbare Forderungen und andere Wertpapiere, Partnerschaften, Derivate oder sonstige Instrumente, deren wirtschaftliche Substanz ähnlich den unter Buchstabe a genannten Forderungen ist.

7. Kreditverpflichtungen, die nicht den in Absatz 2 Buchstaben a und b, d, e und f genannten Forderungsklassen zugeordnet sind, werden der unter Buchstabe c dieses Absatzes genannten Forderungsklasse „Forderungen an Unternehmen" zugeordnet.

UNTERABSCHNITT 2
BERECHNUNG DER RISIKOGEWICHTETEN FORDERUNGSBETRÄGE FÜR KREDITRISIKEN

Artikel 148
Risikogewichtete Forderungsbeträge für Forderungen an Unternehmen, Institute, Zentralstaaten und Zentralbanken

1. Vorbehaltlich der Anwendung der in den Absätzen 2, 3 und 4 festgelegten spezifischen Behandlung werden die risikogewichteten Forderungsbeträge für Forderungen an Unternehmen, Institute, Zentralstaaten und Zentralbanken gemäß den nachstehenden Formeln berechnet:

 Risikogewichteter Forderungsbetrag = RW · Forderungswert

 wobei das Risikogewicht (RW) wie folgt festgelegt ist:

 i) wenn PD = 0, beträgt RW 0;

 ii) wenn PD = 1, z. B. für Forderungsausfälle:

 – wenden die Institute die LGD-Werte nach Artikel 157 Absatz 1 an, ist RW gleich 0;

 – verwenden die Institute eigene LGD-Schätzungen, ist $RW = \max\{0, 12.5 \cdot (LGD - EL_{BE})\}$.

 wobei die genaueste Schätzung des zu erwarteten Verlusts (nachstehend „ELBE", Expected Loss Best Estimate) die bestmögliche Schätzung des Instituts für den durch den Forderungsausfall zu erwarteten Verlust gemäß Artikel 177 Absatz 1 Buchstabe h ist;

iii) wenn $PD \in {]}0\%;100\%{[}$, z. B. für alle anderen als unter i) oder ii) genannten Werte:

$$RW = \left(LGD \cdot N\left(\frac{1}{\sqrt{1-R}} \cdot G(PD) + \sqrt{\frac{R}{1-R}} \cdot G(0.999) \right) - LGD \cdot PD \right) \cdot \frac{1+(M-2.5)\cdot b}{1-1.5\cdot b} \cdot 12.5 \cdot 1.06$$

wobei

N(x) = die kumulative Verteilungsfunktion einer standardnormalverteilten Zufallsvariablen (d. h. die Wahrscheinlichkeit, dass eine normalverteilte Zufallsvariable mit einem Erwartungswert von null und einer Standardabweichung von eins kleiner oder gleich x ist).

G(z) = die inverse kumulative Verteilungsfunktion einer standardnormalverteilten Zufallsvariablen (d. h. der Wert von x, so dass N(x) = z).

R = der Korrelationskoeffizient, festgelegt als

$$R = 0.12 \cdot \frac{1-e^{-50 \cdot PD}}{1-e^{-50}} + 0.24 \cdot \left(1 - \frac{1-e^{-50 \cdot PD}}{1-e^{-50}} \right)$$

b = der Laufzeitanpassungsfaktor, festgelegt als

$$b = (0.11852 - 0.05478 \cdot \ln(PD))^2$$

2. Bei allen Forderungen an große beaufsichtigte Finanzunternehmen und nicht beaufsichtigte Finanzunternehmen wird der Korrelationskoeffizient von Absatz 1 Ziffer iii) wie folgt mit 1,25 multipliziert:

$$R = 1.25 \cdot \left[0.12 \cdot \frac{1-e^{-50 \cdot PD}}{1-e^{-50}} + 0.24 \cdot \left(1 - \frac{1-e^{-50 \cdot PD}}{1-e^{-50}} \right) \right]$$

3. Der risikogewichtete Forderungsbetrag kann bei jeder Forderung, die die in den Artikeln 198 und 212 genannten Anforderungen erfüllt, nach folgender Formel angepasst werden:

Risikogewichteter Forderungsbetrag = $RW \cdot$ *Forderungswert* $\cdot$ **(0,15 + 160 · PD$_{pp}$)**

wobei

PD$_{pp}$ = PD des Sicherungsgebers

Das RW wird anhand der entsprechenden Formel gemäß Absatz 3 für die Forderung, die Ausfallwahrscheinlichkeit des Schuldners und den LGD für eine vergleichbare direkte Forderung gegenüber dem Sicherungsgeber berechnet. Der Laufzeitfaktor (b) wird anhand der

PD des Sicherungsgebers oder der PD des Schuldners berechnet, je nachdem, welche von beiden niedriger ist.

4. Für Forderungen an Unternehmen, die einer Gruppe angehören, deren konsolidierter Gesamtjahresumsatz weniger als 50 Mio. EUR beträgt, können die Institute zur Berechnung der Risikogewichte für Forderungen an Unternehmen nach Absatz 1 **Ziffer iii**) folgende Korrelationsformel anwenden. In dieser Formel wird S als Gesamtjahresumsatz in Millionen Euro angegeben, wobei gilt: 5 Mio. EUR ≤ S ≤ 50 Mio. EUR. Gemeldete Umsätze von unter 5 Mio. EUR werden wie Umsätze von 5 Mio. EUR behandelt. Bei gekauften Forderungen errechnet sich der Gesamtjahresumsatz aus dem gewichteten Durchschnitt der einzelnen Forderungen des Pools.

$$R = 0.12 \cdot \frac{1-e^{-50 \cdot PD}}{1-e^{-50}} + 0.24 \cdot \left(1 - \frac{1-e^{-50 \cdot PD}}{1-e^{-50}}\right) - 0.04 \cdot \left(1 - \frac{\min\{\max\{5,S\},50\}-5}{45}\right)$$

Die Institute ersetzen den Gesamtjahresumsatz durch die Bilanzsumme der konsolidierten Gruppe, wenn der Gesamtjahresumsatz kein bedeutender Indikator für die Unternehmensgröße ist und die Bilanzsumme als Indikator bedeutender ist.

Artikel 149
Risikogewichtete Forderungsbeträge für Retailforderungen

1. Die risikogewichteten Forderungsbeträge für Retailforderungen werden nach den folgenden Formeln berechnet:

   Risikogewichteter Forderungsbetrag = RW · Forderungsbetrag

   wobei das Risikogewicht (RW) wie folgt festgelegt ist:

   i) wenn PD = 0, beträgt RW 0;

   ii) wenn PD = 1, z. B. für Forderungsausfälle, beträgt $RW = \max\{0, 12.5 \cdot (LGD - EL_{BE})\}$,

   wobei EL_{BE} die bestmögliche Schätzung des Instituts für den durch den Forderungsausfall zu erwartenden Verlust gemäß Artikel 177 Absatz 1 Buchstabe h ist;

   iii) wenn $PD \in \,]0\%:100\%[$, z. B. für alle anderen als unter i) oder ii) genannten Werte:

   $$RW = \left(LGD \cdot N\left(\frac{1}{\sqrt{1-R}} \cdot G(PD) + \sqrt{\frac{R}{1-R}} \cdot G(0.999)\right) - LGD \cdot PD\right) \cdot 12.5 \cdot 1.06$$

   wobei

   N(x) = die kumulative Verteilungsfunktion einer standardnormalverteilten Zufallsvariablen (d. h. die Wahrscheinlichkeit, dass eine normalverteilte Zufallsvariable mit einem Erwartungswert von null und einer Standardabweichung von eins kleiner oder gleich x ist).

   G(z) = die inverse kumulative Verteilungsfunktion einer standardnormalverteilten Zufallsvariablen (d. h. der Wert von x, so dass N(x) = z).

   R = der Korrelationskoeffizient, festgelegt als

   $$R = 0.03 \cdot \frac{1-e^{-35 \cdot PD}}{1-e^{-35}} + 0.16 \cdot \left(1 - \frac{1-e^{-35 \cdot PD}}{1-e^{-35}}\right)$$

2. Der risikogewichtete Forderungsbetrag für jede in Artikel 142 Absatz 5 festgelegte Forderung an kleine und mittlere Unternehmen, die die Anforderungen der Artikel 198 und 212 erfüllt, kann gemäß Artikel 148 Absatz 3 berechnet werden.

ABSCHNITT 4
PD, LGD UND LAUFZEIT

UNTERABSCHNITT 1
FORDERUNGEN AN UNTERNEHMEN, INSTITUTE, ZENTRALSTAATEN UND ZENTRALBANKEN

Artikel 156
Ausfallwahrscheinlichkeit (PD)

1. Die PD einer Forderung an ein Unternehmen oder Institut beträgt mindestens 0,03 %.

Artikel 157
Verlustquote bei Ausfall (LGD)

1. Gemäß Artikel 146 Absatz 8 verwenden die Institute die folgenden LGD-Werte:

   a) vorrangige Forderungen ohne anerkannte Sicherheit: 45 %,

   b) nachrangige Forderungen ohne anerkannte Sicherheit: 75 %,

Artikel 158
Laufzeit

1. Institute, die nicht die Erlaubnis erhalten haben, für Forderungen an Unternehmen, Institute, Zentralstaaten oder Zentralbanken eigene LGDs und einen eigenen Umrechnungsfaktor zu verwenden, weisen den aus Pensionsgeschäften oder Wertpapier- oder Warenleihgeschäften

   Alternativ dazu entscheiden die zuständigen Behörden bei Erteilung der in Artikel 138 genannten Erlaubnis, ob das Institut für jede Forderung gemäß Absatz 2 die effektive Restlaufzeit (M) berechnen muss.

2. Institute, die von der zuständigen Behörde die Erlaubnis erhalten haben, für Forderungen an Unternehmen, Institute, Zentralstaaten oder Zentralbanken eigene LGD und eigene Umrechnungsfaktoren zu verwenden, berechnen M für jede dieser Forderungen gemäß den Buchstaben a bis e und vorbehaltlich der Absätze 3 bis 5. M darf auf keinen Fall mehr als fünf Jahre betragen.

   a) Bei einem Instrument mit festgelegtem Zins- und Tilgungsplan wird M nach folgender Formel berechnet:

   $$M = \max\left\{1, \min\left\{\frac{\sum_t t \cdot CF_t}{\sum_t CF_t}, 5\right\}\right\}$$

   wobei CF_t die vertraglichen Cashflows (Nominalbetrag, Zinsen und Gebühren) bezeichnet, die der Schuldner in Periode t zu leisten hat.

UNTERABSCHNITT 2
RETAILFORDERUNGEN

Artikel 159
Ausfallwahrscheinlichkeit

1. Die PD einer Forderung beträgt mindestens 0,03 %.

ABSCHNITT 5
FORDERUNGSWERT

Artikel 162
Forderungen an Unternehmen, Institute, Zentralstaaten und Zentralbanken sowie Retailforderungen

1. Sofern nicht anders angegeben, ist der Wert bilanzieller Forderungen der Buchwert, der ohne Berücksichtigung etwaiger Kreditrisikoanpassungen bemessen wird.

   Dies gilt auch für Vermögenswerte, die zu einem anderen Preis als dem geschuldeten Betrag angekauft wurden.

   Bei angekauften Vermögenswerten wird die beim Ankauf in der Bilanz des Instituts erfasste Differenz zwischen dem geschuldeten Betrag und dem nach spezifischen Kreditrisikoanpassungen verbleibenden Buchwert als Abschlag bezeichnet, wenn der geschuldete Betrag größer ist, und als Prämie, wenn er kleiner ist.

UNTERABSCHNITT 2
RISIKOQUANTIFIZIERUNG

Artikel 174
Ausfall eines Schuldners

1. Bei der Quantifizierung der Risikoparameter für bestimmte Ratingklassen oder –pools verfahren die Institute zur Feststellung eines Schuldnerausfalls wie nachstehend beschrieben. Für die Zwecke dieses Kapitels ist der Ausfall eines bestimmten Schuldners gegeben, wenn einer der folgenden Fälle eingetreten ist:

   a) Das Institut sieht es als unwahrscheinlich an, dass der Schuldner seinen Verbindlichkeiten gegenüber dem Institut, seiner Muttergesellschaft oder einer seiner Tochtergesellschaften in voller Höhe nachkommen wird, ohne dass das Institut auf Maßnahmen wie die Verwertung von Sicherheiten zurückgreift.

   b) Eine wesentliche Verbindlichkeit des Schuldners gegenüber dem Institut, seiner Muttergesellschaft oder einer seiner Tochtergesellschaften ist mehr als 90 Tage überfällig.

   Bei Überziehung beginnt die Überfälligkeit mit dem Tag, an dem der Kreditnehmer ein mitgeteiltes Limit überschritten hat, ihm ein geringeres Limit als die aktuelle Inanspruchnahme mitgeteilt wurde oder er einen nicht genehmigten Kredit in Anspruch genommen hat und der zugrunde liegende Betrag erheblich ist.

Artikel 176
Besondere Anforderungen an PD-Schätzungen

1. Bei der Quantifizierung der Risikoparameter für bestimmte Ratingklassen oder –pools wenden die Institute bei PD-Schätzungen für Forderungen an Unternehmen, Institute, Zentralstaaten und Zentralbanken die folgenden besonderen Anforderungen an:

   a) Die Institute schätzen die PDs für die einzelnen Schuldnerklassen ausgehend von den langfristigen Durchschnitten der jährlichen Ausfallquoten. Bei PD-Schätzungen für Schuldner mit hoher Verschuldungsquote oder Schuldner, deren Aktiva vorwiegend gehandelte Vermögenswerte sind, wird der Wertentwicklung der zugrundeliegenden Aktiva in Zeiten hoher Volatilität Rechnung getragen.

h) Unabhängig davon, ob ein Institut für seine PD-Schätzung externe, interne oder gepoolte Datenquellen oder eine Kombination daraus verwendet, muss der zugrunde liegende historische Beobachtungszeitraum für zumindest eine Datenquelle mindestens fünf Jahre betragen. Wurde eine Datenquelle über einen längeren Zeitraum beobachtet und sind die entsprechenden Daten relevant, so wird dieser längere Beobachtungszeitraum herangezogen. Dies gilt auch für den PD/LGD-Ansatz bei Beteiligungen. Bei entsprechender Erlaubnis der zuständigen Behörden können Institute, die von der zuständigen Behörde nicht gemäß Artikel 138 die Erlaubnis erhalten haben, eigene LGD- oder Umrechnungsfaktorschätzungen zu verwenden, bei der Anwendung des IRB-Ansatzes relevante Daten aus einem Zweijahreszeitraum verwenden. Der abzudeckende Zeitraum verlängert sich jährlich um ein Jahr, bis relevante Daten für einen Zeitraum von fünf Jahren vorliegen.

Artikel 193
Anerkennungsfähigkeit von Sicherheiten unabhängig von Ansatz und Methode

1. Die Institute können die folgenden Werte bei allen Ansätzen und Methoden als Sicherheit verwenden:

    a) Bareinlagen beim kreditgebenden Institut oder von diesem verwahrte bargeldähnliche Instrumente,

    b) Schuldverschreibungen von Zentralstaaten oder Zentralbanken, deren Titel von einer für die Zwecke des Kapitels 2 anerkannten ECAI oder Exportversicherungsagentur ein Rating erhalten, das von der EBA gemäß der Bestimmungen über die Risikogewichtung von Forderungen an Zentralstaaten und Zentralbanken des Kapitels 2 mit einer Bonitätsstufe von mindestens 4 gleichgesetzt wird,

UNTERABSCHNITT 2
BESICHERUNG OHNE SICHERHEITSLEISTUNG

Artikel 197
Ansatzunabhängige Anerkennungsfähigkeit von Sicherungsgebern

1. Die Institute können folgende Parteien als Steller einer Besicherung ohne Sicherheitsleistung nutzen:

    a) Zentralstaaten und Zentralbanken,

    b) Gebietskörperschaften,

    c) multilaterale Entwicklungsbanken,

    d) internationale Organisationen, wenn die gegen sie gerichteten Forderungen nach Artikel 112 ein Risikogewicht von 0 % erhalten,

    e) öffentliche Einrichtungen, wenn mit den gegen sie gerichteten Forderungen nach Artikel 111 verfahren wird,

    f) Institute,

g) andere Unternehmen, einschließlich Mutter-, Tochter- und verbundene Unternehmen des Instituts, wenn eine der folgenden Bedingungen erfüllt ist:

   i) diese anderen Unternehmen haben von einer anerkannten ECAI ein Rating erhalten, das von der EBA nach den in Kapitel 2 festgelegten Bestimmungen über die Risikogewichtung von Forderungen an Unternehmen mit einer Bonitätsstufe von mindestens 2 gleichgesetzt wird,

   ii) diese anderen Unternehmen für den Fall, dass die Institute die risikogewichteten Forderungsbeträge und erwarteten Verlustbeträge nach dem IRB-Ansatz ermitteln, nicht über ein Rating einer anerkannten ECAI verfügen und laut internem Rating mit einer PD angesetzt werden, die der eines Unternehmensratings einer anerkannten ECAI entspricht, das von der EBA nach den in Kapitel 2 festgelegten Bestimmungen über die Risikogewichtung von Forderungen an Unternehmen mit einer Bonitätsstufe von mindestens 2 gleichgesetzt wird.

2. Bei Instituten, die die risikogewichteten Forderungsbeträge und erwarteten Verlustbeträge nach dem IRB-Ansatz berechnen, kann ein Garantiegeber nur dann als Steller einer Besicherung ohne Sicherheitsleistung anerkannt werden, wenn seine Bonität von dem Institut intern gemäß den Bestimmungen des Kapitels 3 Abschnitt 6 bewertet wird.

Die Institute können andere Finanzinstitute als Steller von Besicherungen ohne Sicherheitsleistung nutzen, wenn diese von den für die Zulassung und Beaufsichtigung von Instituten zuständigen Behörden zugelassen wurden und beaufsichtigt werden und ähnlichen aufsichtsrechtlichen Anforderungen unterliegen wie Institute.

Die zuständigen Behörden führen und veröffentlichen eine Liste mit den sonstigen anerkennungsfähigen Stellern von Besicherungen ohne Sicherheitsleistung oder den Kriterien für die Ermittlung solcher anerkennungsfähigen anderen Steller von Besicherungen ohne Sicherheitsleistung samt einer Beschreibung der geltenden Aufsichtsanforderungen und stellen ihre Liste gemäß Artikel 112 der Richtlinie [vom Amt für Veröffentlichungen einzufügen] den anderen zuständigen Behörden zur Verfügung.

Artikel 198
Anerkennungsfähigkeit von Sicherungsgebern, die die Voraussetzungen für die in Artikel 148 Absatz 4 dargelegte Behandlung erfüllen, im Rahmen des IRB-Ansatzes

Ein Institut kann Institute, Versicherungs- und Rückversicherungsgesellschaften sowie Exportkreditagenturen als Steller von Besicherungen ohne Sicherheitsleistung, die die Voraussetzungen für die in Artikel 148 Absatz 4 dargelegte Behandlung erfüllen, nutzen, wenn diese alle folgenden Bedingungen erfüllen:

a) Sie verfügen über ausreichende Sachkenntnis im Stellen von Besicherungen ohne Sicherheitsleistung.

b) Sie unterliegen einem den Bestimmungen dieser Verordnung gleichwertigen Regelwerk oder haben zum Zeitpunkt der Besicherung von einer anerkannten ECAI ein Rating erhalten, das von der EBA gemäß den in Kapitel 2 festgelegten Bestimmungen über die Risikogewichtung von Forderungen an Unternehmen mit einer Bonitätsstufe von mindestens 3 gleichgesetzt wird.

c) Sie haben zum Zeitpunkt der Besicherung oder für jeden darauffolgenden Zeitraum ein internes Rating mit einer PD erhalten, die gemäß den in Kapitel 2 festgelegten Bestimmungen über die Risikogewichtung von Forderungen an Unternehmen mit einer Bonitätsstufe von mindestens 2 gleichgesetzt wird.

d) Sie haben ein internes Rating mit einer PD erhalten, die gemäß den in Kapitel 2 festgelegten Bestimmungen über die Risikogewichtung von Forderungen an Unternehmen mit einer Bonitätsstufe von mindestens 3 gleichgesetzt wird.

Artikel 231
Berechnung der risikogewichteten Forderungsbeträge und erwarteten Verlustbeträge beim IRB-Ansatz

1. Für den abgesicherten Teil des Forderungswerts (E) (basierend auf dem angepassten Wert der Kreditbesicherung GA) kann für den Fall, dass eine vollständige Substitution nicht gerechtfertigt erscheint, für die Zwecke von Kapitel 3 Abschnitt 3 als PD die PD des Sicherungsgebers oder eine PD zwischen der des Kreditnehmers und der des Garanten angesetzt werden. Bei nachrangigen Forderungen und einer nicht nachrangigen Besicherung ohne Sicherheitsleistung können die Institute für die Zwecke von Kapitel 3 Abschnitt 3 als LGD die LGD vorrangiger Forderungen heranziehen.

2. Für jeden unbesicherten Teil des Forderungswerts (E) wird als PD die PD des Kreditnehmers und als LGD die LGD der zugrunde liegenden Forderung verwendet.

3. G_A ist der nach Artikel 228 Absatz 3 ermittelte Wert G^*, der nach Maßgabe des Abschnitts 5 an etwaige Laufzeitinkongruenzen angepasst wird. E der Forderungswert gemäß Kapitel 3 Abschnitt 4. Zu diesem Zweck legen die Institute bei der Berechnung des Forderungswerts der in Artikel 162 Absätze 8 bis 10 aufgeführten Posten anstelle der dort genannten Umrechnungsfaktoren oder Prozentsätze ein Umrechnungsfaktor oder Prozentsatz von 100 % zugrunde.

Anhang I
Klassifizierung der außerbilanziellen Geschäfte

1. Hohes Kreditrisiko:

– Garantien, die den Charakter eines Kreditsubstituts haben;

– Kreditderivate;

– Akzepte;

– Indossamente auf Wechsel, die nicht die Unterschrift eines anderen Instituts tragen;

– Geschäfte mit Rückgriff;

– unwiderrufliche Kreditsicherungsgarantien („standby letters of credit"), die den Charakter eines Kreditsubstituts haben;

– Termingeschäfte mit Aktivpositionen;

– Forward Forward Deposits;

– unbezahlter Anteil von teileingezahlten Aktien und Wertpapieren;

– Pensionsgeschäfte gemäß Artikel 12 Absätze 3 und 5 der Richtlinie 86/635/EWG;

– andere Positionen mit hohem Risiko.

2. Mittleres Kreditrisiko:

– ausgestellte und bestätigte Dokumentenkredite (siehe auch „mittleres/niedriges Kreditrisiko");

Literaturverzeichnis

Achtelik, Olaf / Frommelt-Drexler, Elisabeth / Flach, Jochen: Sicherheiten-Management nach neuer SolvV & neuen MaRisk, 2. Auflage, Heidelberg: Finanz Colloquium, 2011

Bieg, Karl-Heinz / Fischer, Reinfrid / Schulte-Mattler, Hermann: Kreditwesengesetz – Kommentar, 4. Auflage, München: C.H. Beck Verlag, 2012

Boos, Hartmut / Schulte-Mattler: Credit Risk Mitigation Techniques, Fachzeitschrift: Die Bank, 2001

Boos, Hartmut / Krämer, Gregor / Waschbusch, Gerd: Bankenaufsicht in Theorie und Praxis, 3. Auflage, Frankfurt am Main: Frankfurt School Verlag, 2009

Büschgen, Hans: Bankbetriebslehre, 3. Auflage, Wiesbaden: Gabler, 1991

Eilenberger, Guido: Bankbetriebswirtschaftslehre, 8. Auflage, München: Oldenbourg Verlag, 2012

Erk, Alexander: Behandlung von Kreditrisiken im Bank- und Versicherungsaufsichtsrecht – Solvabilitätsverordnung und Solvency II im Vergleich, Saarbrücken: VDM Verlag, 2010

Everling, Oliver: ECAI-Status für Creditreform Rating, Fachzeitschrift: Kredit & Rating Praxis, 2009

Follmann, David: Basel II und Solvency II, Saarbrücken: VDM Verlag, 2007

Führer, Christian / Grimmer, Arnd: Versicherungsbetriebslehre, Ludwigshafen: Kiehl Verlag, 2009

Hartmann-Wendels, Thomas / Pfingsten, Andreas / Weber, Martin: Bankbetriebslehre, 5. Auflage, Heidelberg: Springer Verlag, 2010

Johanning, Lutz: Zur Eignung des Value-at-Risk als bankaufsichtliches Risikomaß, 1998

Kaiser, Dirk: Finanzintermediation durch Banken und Versicherungen, Wiesbaden: Gabler, 2006

Munsch, Michael / Weiß, Bernd: Externes Rating – Finanzdienstleistung und Entscheidungshilfe –, 3. Auflage, Berlin: Deutsche Industrie- und Handelskammer, 2002

Pircher, Herbert: Kreditrisiko, Saarbrücken: VDM Verlag, 2008

Schmitt, Christoph: Umsetzung von Basel III in europäische Recht, Bilanzrecht und Betriebswirtschaft: 2011

Quellenverzeichnis

- ✓ Angelkort/Stuwe: Basel III und Mittelstandsfinanzierung
  http://library.fes.de/pdf-files/managerkreis/08507.pdf
  [Stand: 18.08.2012]

- ✓ Baseler Ausschuss: Behandlung von Double-Default-Effekten
  http://www.bundesbank.de/Redaktion/DE/Downloads/Kerngeschaeftsfelder/Bankenaufsicht/Basel/basel2_anwendbarkeit_handelsaktivitaeten.pdf?__blob=publicationFile [Stand: 18.08.2012]

- ✓ Berg/Uzik: Auswirkungsstudie zu Basel III, 2011
  http://www.bvmw.de/fileadmin/download/Bund/basel_III_studie.pdf
  [Stand: 16.08.2012]

- ✓ Bundesaufsichtsamt für das Versicherungswesen: Rundschreiben 1/2002
  http://www.bafin.de/SharedDocs/Downloads/DE/Rundschreiben/dl_rs_0201_va_abs_und_cln.pdf?__blob=publicationFile [Stand: 16.08.2012]

- ✓ Bundesfinanzministerium: Basel 3
  http://www.bundesfinanzministerium.de/DE/Wirtschaft__und__Verwaltung/Geld__und__Kredit/Kapitalmarktpolitik/20100917-Basel3.html
  [Stand: 16.08.2012]

- ✓ Bundesregierung
  http://www.bundesregierung.de/Content/DE/StatischeSeiten/Breg/G8G20/G20-uebersicht.html, [Stand: 09.06.2012]

- ✓ Commerzbank: Geschäftsbericht 2011
  https://www.commerzbank.de/media/de/aktionaere/service/archive/konzern/2012/GB_Konzern_2011.pdf [Stand: 16.08.2012]

- Deutsche Bundesbank: Bankenaufsicht
  http://www.bundesbank.de/Navigation/DE/Kerngeschaeftsfelder/Bankenaufsicht/bankenaufsicht.html [Stand: 16.08.2012]

- Deutsche Bundesbank: Leitfaden Basel 3
  http://www.bundesbank.de/Redaktion/DE/Downloads/Veroeffentlichungen/Buch_Broschuere_Flyer/bankenaufsicht_basel3_leitfaden.pdf?__blob=publicationFile, [Stand: 08.06.2012]

- Deutsche Bundesbank: Finanzstabilitätsbericht, 2011
  http://www.bundesbank.de/Redaktion/DE/Downloads/Veroeffentlichungen/Finanzstabilitaetsberichte/2011_finanzstabilitaetsbericht.pdf?__blob=publicationFile [Stand: 16.08.2012]

- Deutsche Bundesbank: Rekapitalisierungsumfrage, 2011
  http://www.bundesbank.de/Redaktion/DE/Downloads/Presse/Pressenotizen/2011/2011_12_08_banken_rekapitalisierung.pdf?__blob=publicationFile [Stand: 16.08.2012]

- Deutsche Bundesbank: 5. Auswirkungsstudie, 2006
  http://www.bundesbank.de/Redaktion/DE/Downloads/Kerngeschaeftsfelder/Bankenaufsicht/QIS/ergebnisse_der_fuenften_auswirkungsstudie_zu_basel_ii_in_deutschland.pdf?__blob=publicationFile [Stand: 16.08.2012]

- *Dürselen*: Bankenaufsicht V: Solvabilitätsverordnung und Basel III
  pdf.vr-netservice.de [17.08.2012]

- Europäische Kommission: CRD IV
  http://ec.europa.eu/internal_market/bank/regcapital/new_proposals_de.htm [Stand: 17.08.2012]

- Europäische Kommission: VO-Entwurf zu Basel III, 2011
  http://www.bundesbank.de/Redaktion/DE/Downloads/Kerngeschaeftsfelder/

Bankenau-sicht/Basel/basel3_europaeische_kommission_vorschlag_crr_de.pdf?__blob=publicationFile [Stand: 16.08.2012]

- ✓ KFW: IFD
  http://www.kfw.de/kfw/de/I/II/Download_Center/Foerderprogramme/versteckter_Ordner_fuer_PDF/IFD_Publikation_Rating_Broschuere.pdf [Stand: 23.07.2012]

- ✓ KPMG: Basel III – Handlungsdruck baut sich auf –, 2011
  http://www.kpmg.de/docs/KPMG_Basel_3_FRM_2011web.pdf
  [Stand: 16.08.2012]

- ✓ KPMG: Solvency II
  http://www.kpmg.de/Themen/1801.htm [Stand: 18.08.2012]

- ✓ Kranzusch: Die Quten der Insolvenzgläubiger, 2009
  http://www.ifm-bonn.org/assets/documents/IfM-Materialien-186.pdf
  [Stand: 18.08.2012]

- ✓ Meurer: Solvency II
  http://www.deutscherueck.de/uploads/tx_dbdownloads/Solvency_II_aktuelles_Standardmodell.pdf [Stand: 18.08.2012]

- ✓ Pangl: Basel III, 2012
  http://www.raiffeisenblatt.at/eBusiness/rai_template1/121810312645017022-121809748930559302_634134742433495613-774182146246896906-NA-1-NA.html
  [Stand: 17.08.2012]